AIの経済学

鶴 光太郎
Tsuru Kotaro

「予測機能」をどう使いこなすか

日本評論社

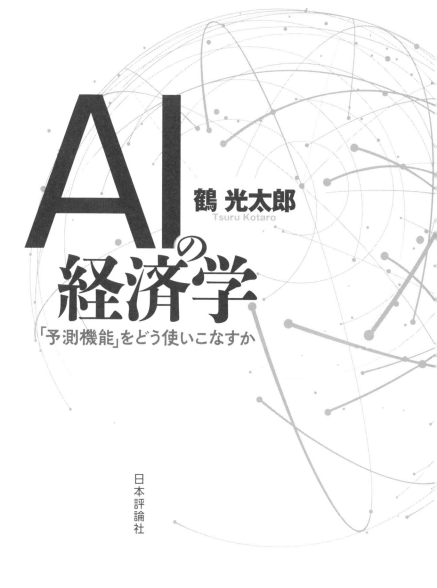

AIの経済学

「予測機能」をどう使いこなすか

まえがき

ＡＩ（人工知能）と聞いて皆さんはどういうイメージをお持ちであろうか。ＡＩの専門家、ＡＩビジネスの最前線にいる方々でなければ、「限りなく人間に近い知能を持つロボット」と漫然と考えられている方が多いのではないか。今はそうではなくても20年後、30年後のイメージも含めての話である。一方、ビジネスの現場でＡＩを徹底活用されている方々にとっては、頼もしい味方ではあるが、案外、ＡＩにできることは限られているという印象をお持ちの方もいるかもしれない。

このようにＡＩに対するイメージは人によってかなり多様であるといえる。ＡＩに対する知識や活用した経験が乏しければ、「得体の知れないもの」と感じてしまっても不思議はない。また、人間は本能的に「得体の知れないもの」、「理解できないもの」に対しては恐怖心を抱くものだ。しかし、人間が複雑なのは、「恐怖心」を抱く対象を必ずしも遠ざけるのではなく、むしろ、その対象がしばしば我々の興味、好奇心をくすぐることもあることだ。いわゆる、「怖いもの見たさ」である。2010年代半ば頃、雇用の影響を含め、AIに対する悲観論が急速に広がった背景の根底には、AIに対して前述したような我々の複雑な思いや見方が反映されていたと筆者は考えている。

AIへの悲観論が広がった当時からすでに5〜6年が過ぎ、AIの活用がビジネス、日常生活にも浸透するにつれて、AIに対する過度の悲観論はやや後退しているようにみえる。また、AIに関する多数の書籍が出版され、AIの基本的な機能や具体例を一般読者に理解できるように丁寧に解説している本も少なくない。さらに、「AI対人類」という視点の下、哲学的、社会学的な考察を加える書籍も出てきている。AIに関する知識や理解が高まる環境は以前より整ってきているといえよう。

こうした中で、筆者が気になったのは、「木を見て森を見ず」という議論が多いことだ。つまり、AIの機能に深入りしたり、個々の事例を紹介するといった「木を見る」ことは行われても、AIの経済・社会全体への影響を検討するといった「森を見る」ことは案外行われていないということだ。そうであれば、AIが経済・社会に与える影響について、系統的に整理された多くの事例と筆者の専門である経済学における研究成果に基づき総合的に評価することは意味があるのではないか。これが本書を執筆しようと思い立った大きな理由である。本書の読者にとってAIに対する見方が「得体の知れないもの」から「人類とお互いに補完し合い、共存することで一緒に明るい未来を築ける大切な存在」に変わることを期待しつつ、AIの「森を見る」旅に向けて、出発しよう！

序章

なぜ、「AIの経済学」なのか

「コロナの時代」になり、我々の生活は一変した。人々が対面で交わるという、社会的動物たる人間として当たり前の活動・営みが制限されることになった。オフィスワーカーが仕事をする職場、学生が授業を受ける学校から人影が消えた。飲食店を筆頭に「三密」（密集、密接、密閉）を前提とする「フェイス・ツー・フェイス（F2F）産業」は大打撃を受けることになった。

過去、90年代以降、日本経済は、バブル崩壊後の金融危機（1997～98年）、リーマンショックに端を発した世界経済危機（2008年）、また、東日本大震災などさまざまな危機に直面し、痛手を受け、もがきながらも乗り越えてきた。一方、今回のコロナ危機は、いつまで続くか予想できないことがこれまでとは大きく異なる点だ。このため、「ウィズ・コロナ」が数年続くことを前提に、F2F産業の大胆な構造転換が必要であるし、ポジティブ・シンキングに立って、我々の生活様式・価値観の変化を展望していくことが求められている。

これまで経験したことがなく、また、人間の本質を揺さぶるようなコロナ危機に直面して我々が最も痛感したことは新たなテクノロジー（デジタル化、ICT（情報通信技術）、AI（人工知能）、ビッグデータを扱う高速コンピューター・システム等）の徹底活用の遅れであったのではないだろうか。コロナ危機に陥ってから、感染症対策、給付金の配布、紙・押印文化など多くの分野でこうした新たなテクノロジーを活用できていないことが鮮明となった。

戦後、大企業を中心とした日本の雇用システムの特徴であるメンバーシップ型（就社型）の雇用システムの下において、日本企業は組織内の垂直方向、水平方向を問わず、人力による非常に効率的な情報伝達・共有を行う情報システムを構築してきた。職場という「同じ場所」で「同じ時間」を長らく共有することで、言葉が通じなくても「あうん」の呼吸で意思伝達、価値の共有化が行われ、その場、その時を同じく共有することでのみ得られる相互理解に頼り、対面主義を過信してきたことは否めない。

そう考えれば、非対面的な関係構築に欠かせない新たなテクノロジーへの適応が遅れてしまったことは容易に想像できる。また、これはこれまでの人力によるコーディネーションシステム（情報伝達・共有システム）を破壊したくないという意図が働き、テクノロジーの活用が遅れたと解釈できる。

右記のような認識を持っているかはともかくとしても、コロナ時代にあって、官民とも前述した新たなテクノロジーの抜本的な推進を目指して動きだしたことは確かだ。しかし、重要なのは、コロナの時代になったからそれが必要になったということではないことだ。コロナ前から新たなテクノロジーの徹底活用が求められていたにもかかわらず、それへの対応が不十分であったということだ。今回、コロナ危機をきっかけに、巨大な推進力が働き、我々の背中が強く押されているという認識を持つべきだ。コロナ危機が起こったからといって進むべき方向性が変わったわけではないことを再度強調しておきたい。

こうした新たなテクノロジーの中でも先端的という意味で上位に位置付けられるのは、なんといってもＡＩであろう（ＡＩの定義については、第1章で詳述）。ＡＩは、ＩＣＴをベースにデジタル化、ビッグデータといったインフラを前提としているテクノロジーであるためだ。以下、第7章でも詳述するように、コロナ時代においても、ワクチン・治療薬の開発、感染追跡から検温、社会的距離遵守といった社会コントロールまで幅広い分野でＡＩは活躍しており、その重要性、有用性はますます高まっている。

本書の問題意識

ＡＩ時代といわれて久しい。直近、5年、10年の進歩は目を見張るばかりだ。我々の知らない間にすでに日常生活に入り込んでいるといっても過言ではない。その一方で、人々が持つＡＩのイメージは驚くほど多様だ。

すでに5年以上前になるが、ＡＩについて世界を席捲した議論は悲観的なものだった。２０１３年に英オックスフォード大学のマイケル・Ａ・オズボーン准教授（当時）およびカール・ベネディクト・フレイ博士が発表した「雇用の未来」と題する論文はセンセーションを巻き起こした。[i] 米国において10～20年内に労働人口の47％が機械に代替されるリスクが70％以上であることを示したからである。日本においても２０１５年に野村総合研究所が同様の手法を使って労働人口の49％が代替可能という結果を発表した。２０４５年頃にはシンギュラリティ[ii]（技術的特異点）を迎えるという議論も現実味を帯びる形で当時、語られるようになった。日本でも、ＡＩによって将来かなりの雇用が代替されるため、ＢＩ（ベーシック・インカム）の導入が必要になってくるとの見方が注目を集めた[1]。

こうした議論に対して、筆者はあまりにも悲観的すぎると感じていた。ＡＩの発展は当時、予想を上回るスピードで進行しており、それを間近でつぶさにみていたＡＩの専門家は驚きとともに恐怖を感じる場面があったかもしれない。また、マスコミや一般国民も将来への「漫然とした不安」を抱える中で、楽観論よりは悲観論に親近感を覚え、飛びつきやすいという性向（怖いものみたさ）

i この研究の問題点は第２章で詳述。
ii 人工知能（ＡＩ）自身の「自己フィードバックで改良、高度化した技術や知能」が、「人類に代わって文明の進歩の主役」になる時点を意味する。

も影響していたであろう。
一方、ＡＩ以前にも経済学の立場からは、新たなテクノロジーが雇用を代替するという「技術的失業」は過去の歴史をみても何度も乗り越えられてきたことが共通認識となっているので、筆者も過度な悲観論は正す必要性を痛感し、いくつかの論考も世に問うてきた。[2][iii] こうした悲観論と楽観論の違いは技術の進展により着目する理系と回りまわって経済社会にどういうインパクトを与えるかを考える文系との間の「溝」ではないかと考えることもあった。[iv]
しかし、その後の直近5年ほどの間で明らかになったのは、こうした悲観論を超えて、ＡＩの活用がさまざまな分野で急速に進んでいったことだ。さまざまな産業や分野においてこれまで解決が難しかった課題に対し柔軟な発想と豊かな創造性を活かしてＡＩによって解決していくという実験的・試行錯誤的取り組みが盛んに行われるようになった。学者の「小田原評定」をよそに、現実ははるか先を進んでいっており、ＡＩで新たなビジネスを興したいという起業家精神をＡＩが大いに刺激しているのだ。現状、そうしたスタートアップはすでに溢れ気味と考える向きもあるかもしれないが、ＡＩ活用の広がりの原動力になっていることは間違いない。
それでは、ＡＩをビジネスに活用するためには、高度な知識や経験を持つデータ・サイエンティストが必要なのであろうか。ここでは、九州でチェーンを展開するクリーニング店がＡＩを活用して無人受付を行っている例を紹介したい。[3] このクリーニング店では、顧客がテーブルに置くだけで

ＡＩが洋服の種類を判別し、料金を設定する。

開発を行った人物[4]は東京でエンジニアをしていたが、家業を継ぐために実家に戻った。エンジニア経験があることからＩＣＴなどは業務に積極的に活用していたものの、ＡＩについては、ずぶの素人だ。ただ、「ディープラーニング（深層学習）が犬と猫の区別ができるなら、スーツとズボンも見分けられるはず」という信念の下、米グーグルのディープラーニングの開発ソフトウェアである「TensorFlow」を使用して開発を行った。ディープラーニングについては、動画や有名教授の講演、または、専門家に教えを請いながら学び、ディープラーニング開発に必要な「Python」は初体験。しかし、学び始めて3年弱でサービス提供開始にこぎつけた。開発費が50万円もかかっていないとは驚きだ。

この例を紹介して、ＡＩの開発は誰にでもできるはずと言うつもりはない。ただ、「TensorFlow」といったディープラーニングの開発ソフトウェアを利用できるようになり、画像解析の場合は特にそうであるが、想像以上に開発の敷居が低くなっていることは確かであろう。むしろ、ＡＩをどの

iii　第2章参照。

iv　理系でも楽観論はある一方、ＢＩを唱えているのは文系の研究者であり、極端な二分法の議論は適切ではない。また、そもそも、文系、理系と色分けをすること自体、問題であるという議論は承知の上での記述とご理解いただきたい。

ような ビジネスに活用したいのか、そのビジネスのどのような課題をＡＩで解決したいのかという「強い想い」がＡＩ開発の推進力になっているように思われる。ＡＩの活用・普及のためには、ただ、ＡＩの専門家、データ・サイエンティストを増やせばよいという話ではないということだ。[v]

このようにＡＩの開発・普及が急ピッチで進み、経済社会に浸透していっている中で、経済学がどの程度追いついていっているかといえば、残念ながらはなはだ心もとない状況だ。それにはＡＩについても、「人間に近づくロボット」、「自動化」という粗い捉え方しかできていない場合が多いこと、有益な実証分析を行うだけのデータが整っていないことが影響しているとみられる。[vi]そうした中で、経済学の分野で、ＡＩを総合的に俯瞰できているのではと筆者が感じる学者は、カナダ・トロント大学教授のアジェイ・アグラワル教授、米マサチューセッツ工科大学教授のエリック・ブリニョルフソン教授、デイビッド・オーター教授など一握りである。[5]

そもそも、ＡＩに限らず、90年代から始まったＩＣＴ革命はそれこそ経済学の教科書を大幅に書き換えるような影響を及ぼしているはずであるが、それを総合的・俯瞰的に捉えている研究はやはり驚くほど少ない。[6]研究も特定の分野、たとえば、ＩＣＴ投資のマクロ経済への影響、オンライン市場・オークション市場の分析、情報財の分析、デジタル・エコノミーのプライバシー問題などに集中している。[7]ＩＣＴ革命の総合的な影響、含意が十分に分析されていないことは、90年代後半当時、筆者自身もリアルタイムで痛感していたことでもある。ＩＣＴ革命はあまりにも大きく、急激な変化であったため、経済学が十分その流れについていかないうちに、日常生活に溶け込み、当たり前の存在になってしまったことも影響しているかもしれない。そうであれば、ＡＩについても、「当たり前」になる前に経済学の基本的な道具立てで総合的・俯瞰的な分析を行うことは重要であろう。

本書の目的

以下では、前述した、⑴ＡＩへのイメージは多様、⑵ＡＩの活用は驚くほど進み、日常生活にも浸透、⑶経済学の立場からのＡＩに対する総合的・俯瞰的な研究は現時点では不十分、といった問題意識の下、本書の目的について述べてみたい。

第一は、ＡＩに対して、雇用を奪うという過度の悲観論を超えて、できるだけバランスのとれた見方を提供するということ。

第二は、そのために、筆者の専門である経済学的なアプローチを使いながら、ＡＩの経済社会への影響を総合的・俯瞰的に評価していくということである。前述のように、この目的に合った既存

v　終章参照。
vi　第２章参照。

研究はこれまでのところ限られているものの、体系的な紹介とそれに対する評価を試みたい。

第三は、ＡＩの現実を実感するため、さまざまな活用事例について紹介することである。活用事例を丹念にみていけば、ＡＩは何ができるかという相場観が自然とでき、極端な悲観論や楽観論を正すことにつながると考えた。ＡＩの活用事例を紹介した書籍は多くあるが、多くの産業を網羅したり、機能や目的に沿った分類ができておらず散漫な印象を与えるものも少なくない。本書ではＡＩの多様な機能・役割を整理して紹介するとともに、それぞれの例について、どういう課題解決に向けて活用されているかについて丁寧に言及してみたい。

本書の概観

これらのような問題意識、目的を踏まえて、本書は以下のような構成となっている。まず、第１章（ＡＩとは何か――機械学習（深層学習）が生んだ革新）では、ＡＩの本質的な機能、これまでの機械にはない特色を論じた上で、その具体的な活用として４つのアプローチを紹介する。また、ＡＩへの理解をさらに深めるため、ＡＩとＩＣＴなどの他の新たなテクノロジーとの違いについて整理する。

第２章（ＡＩで雇用はどうなる――悲観論を排す）では、第１章の議論を踏まえつつ、これまで大きな論争になってきたＡＩの雇用（および賃金）への影響について、経済学の既存の研究ではどこまで明らかになっているかを系統だって紹介し、その評価を行う。

第３〜７章については、ＡＩの活用事例について、さまざまな観点から紹介、評価していく。まず、第３章（ＡＩでスキルが変わる——「ＡＩコーチ」の役割）は、我々のスキルを伸ばしてくれるＡＩコーチという視点から学校教育、スポーツ、将棋、ビジネスの分野に着目してＡＩの活用を紹介している。第４章（ＡＩで企業戦略・ビジネスが変わる——「パーソナライゼーション」と「ダイナミック・プライシング」の衝撃）では、ＡＩを使って消費者の嗜好、需要を予測し、個々の消費者に見合った価格や内容の商品・サービスを提供する「パーソナリゼーション」を論じた上で、特に、時間の変化とともに変わる需要に応じてＡＩで価格付けを行う「ダイナミック・プライシング」について包括的に論じる。

第５章（ＡＩで産業が変わる——農業・畜産業、建設業の大変身）では、これまでローテク産業の典型として捉えられ、過重労働、人手不足、低生産性の課題を抱えていた、農業、畜産業、建設業に焦点を当てて、ＡＩがその課題解決に向けて大きな貢献をしていることを示す。ここまでは、民におけるＡＩの活用を論じているが、第６章（ＡＩで公共政策が変わる——政策の有効性向上への挑戦）では、公に目を向け、ＡＩを活用した公共政策、つまり、データ駆動型政策立案（Data-driven Policy Making：ＤＤＰＭ）について論じる。具体的には、刑事司法分野での活用、貧困対策などのターゲティング政策における利用を紹介する。具体例の最後のテーマとして、第7章（コロナ危機で奮闘するＡＩ）で、コロナ危機への対応という観点から、感染症の診断、治療、追跡など新型コロナウイルス感染症に直接関わる分野における活用、検温や社会的距離遵守といった社会統制分野における活用をみる。

終章（ＡＩと人間が豊かな未来を築き、共存するために――ＡＩのための経済政策と求められるスキル・能力・人材育成とは）においては、第３～７章で強調したＡＩの経済社会への貢献、いわば、ＡＩの「ライトサイド」から「ダークサイド」に目を向けるとともに、ＡＩの普及、影響への対応に必要な経済政策をまず検討する。その上で、ＡＩにはできないことを再度整理し、人間にしかできないという意味でＡＩ時代に求められるスキル・能力について論じ、人材育成のあり方を検討する。

第1章

AIとは何か

――機械学習（深層学習）が生んだ革新

ＡＩ（人工知能）とは何か。機械であるのに人間のような知能、すなわち、「脳」を持つ機械というイメージを思い浮かべる人も多いであろう。ＡＩという言葉が生まれたのは、１９５０年代に遡り、すでに半世紀以上も前である。その間にＡＩは何度かのブームとその後の冬の時代を経験してきた。

しかし、機械学習（Machine Learning：ＭＬ）、特に、深層学習（Deep Learning：ＤＬ）の登場でＡＩは大きな革新を迎えることになる。これはほんの10年以内に起こった出来事である。機械学習はＡＩの一形態であるし、深層学習は機械学習の一形態である。つまり、機械学習はＡＩの部分集合であり、深層学習は機械学習の部分集合と考えればわかりやすいであろう(図1)。したがって、ＡＩといえば、すべて機械学習を指すわけではないことには注意が必要である。また、日本では、機械学習と深層学習は別物と捉えられることが多いが、深層学習はあくまでも機械学習の一例であると理解すべきである。したがって、本書では、ＡＩといえば、深層学習を中心とした機械学習を意味することにしよう。

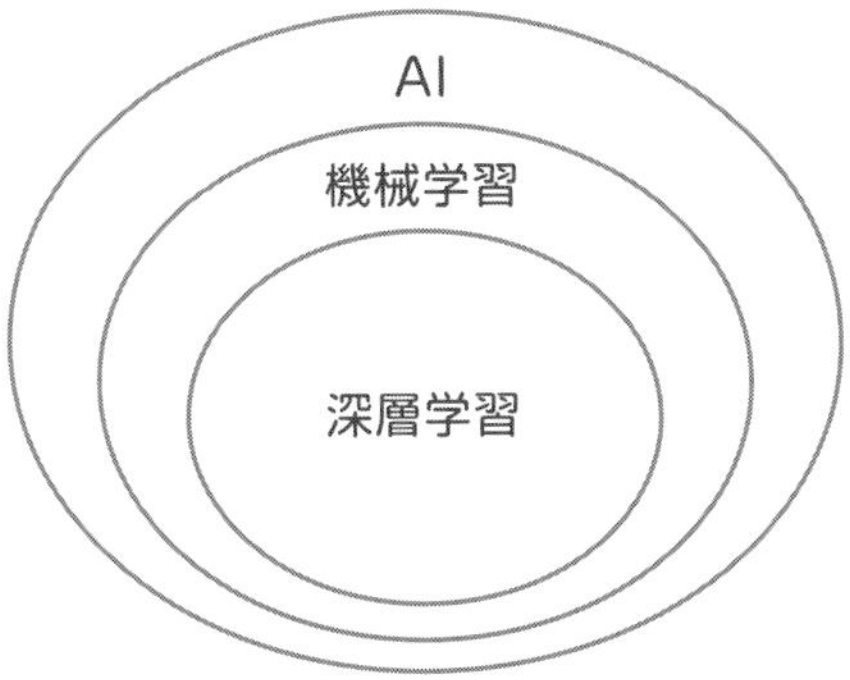

図1　AI、機械学習、深層学習の関係

それでは、機械学習の仕組みはどうなっているのであろうか。機械学習は、後ほど詳しくみるが、デジタル化され、ビッグデータとして構築された多量の情報（画像、音声、文字など）をインプットとして、目的とするアウトプットを「予測」するアルゴリズムの総称である。ここでの情報は従来の数値情報、文字情報に留まらず、画像、音声も含まれる。以下でさらに詳しくみてみよう。

第1節　AIの本質とは

トロント大学のＡＩの権威、アジェイ・アグラワル教授らは、ＡＩの本質は「予測」と喝破し、ＡＩを「予測マシン」と呼んでいる[1]。たとえば、顧客への商品の推奨を行うＡＩは、顧客のこれまでの購入履歴等の情報という「インプット」から、顧客の好みという「アウトプット」の「予測」を行っている。音声認識のＡＩは「録音音声」という「インプット」

から文字起こしという「アウトプット」を予測している。ＡＩによる病気の診断は、患部の画像という「インプット」から、その原因（病名）という「アウトプット」を「予測」している。自動運転は「予測」という概念がなじまないと思う向きもあるかもしれないが、センサーなどで把握した障害物などの「インプット」から、たとえば、ハンドルを切るべき正しい方向という「アウトプット」を「予測」していると解釈できる。

このように機械学習は、広い意味でも「予測」を担うため、応用分野はかなり幅広い。しかし、データ化された「インプット」から「アウトプット」を「予測」するという作業はこれまでもコンピューターの利用で可能となっていたものである。たとえば、後述するように、回帰分析などの統計的な手法がそれである。しかし、機械学習が異なるのは以下の点である。

■暗黙知へ侵食する学習する機械

まず、第一に、機械学習は時間の経過とともにその予測精度を改善していくように設計されていることだ。たとえば、機械学習のアルゴリズム（情報処理の手順）は、かなり大きなサンプルを前提に、ある「インプット」の集合とある「アウトプット」の集合の間を結び付ける関数を自分で見つけることができる。このように膨大なデータを使って予測精度が高まるように進化していくのが機械学習の特徴といえる。つまり、トライ・アンド・エラーで自ら正解に近づくように「学習する機械」が機械学習、すなわち、ＡＩといえるのである。

その際、学習の仕方は、「教師あり学習（supervised learning）」、「教師なし学習（unsupervised learning）」、「強化学習（reinforcement learning）」の３つが存在する。「教師あり学習」は、求めるアウトプットの正解のラベルが付いたインプットを大量に与えて学習させることで予測を行うことができるようにする方法である。たとえば、画像から犬の画像かどうかを判断する予測を行う場合、犬の画像（正解例）を大量に学ばせた上である画像が犬の画像かを判断させるやり方である。

一方、「教師なし学習」は、たとえば、あらかじめこの画像は犬といった正解を与えるのではなく、画像、つまり、インプットをいくつかのグループに分けるように学習させ、ある画像はどのグループに入るか（クラスタリング）を予測できるようにする手法である。また、「強化学習」はアウトプットに点数を付けることで点数の高いアウトプットを出すように学習させることができる。囲碁や将棋に使われるＡＩは後述するように「強化学習」が使われている。

前述したように、深層学習も機械学習の一種である。通常の機械学習はさまざまの多くの変数を使った関数で予測するのであるが、関数の変数に簡単な関数を入れるなど関数の階層をより深くすることで表現力のより高い関数で予測するのが「深層学習」である。したがって、深層学習の手法は予測の精度を高めているといえる。

ＡＩは「学習する機械」になることによって、これまでの機械がなしえなかった暗黙知の世界へ侵入することが可能になった。暗黙知とは哲学者マイケル・ポランニーの「人間は言葉で表せる以上のことを知っている」という言葉[i]が示しているように、「言葉で表すことのできない知」を意味し、人間と機械を峻別する重要な要素と考えられてきた。なぜなら、これまでのコンピューターは人間が一つ一つ事細かに指示したことしか処理することができなかったためである。

たとえば、ある画像を見てそれが椅子であるとか、猫であるとかを判断するというパターン認識は暗黙知を活用しなければならないため、機械が処理するには難しいとされてきた。もちろん、椅子の特徴を列挙していくことは可能であるが、さまざまな形状の椅子があるため、いくつかの特徴を満たすということだけで椅子であると判断することはできない。膨大な計算を高速で行えるコンピューターも子どもでもわかることが案外できないということになる。そこには、暗黙知が関わっているためだ。暗黙知の一形態である常識も機械が得ることは難しいのだ。

しかし、ＡＩという機械がトライ・アンド・エラーで自ら正解に近づくように学習することができるようになると膨大な数の画像を見て、これは椅子である、椅子でないという正誤を学ぶことで、椅子の形状のパターンを把握できるようになる。そして、画像を見ることで椅子であるかを「予測」することが可能になってきたのである。ＡＩが椅子の機能を理解したり、常識を持って判断しているわけではなく、あくまで膨大な数からパターンを学ぶことにより、人間特有と考えられてきた暗黙知の領域への浸食が起きていると理解すべきなのである。このため、たとえば、自動運転は10年ほど前までは実用には程遠かったが、米グーグルをはじめ開発中の自動運転の精度は驚くほど高くなってきている。

「眼」を持った機械の登場

パターン認識、画像処理といった暗黙知までの領域に機械が侵入してきた背景は機械が「眼」を持てるようになったことが大きな要因だ。これは「カンブリア爆発」の再来とも呼ばれている。「カンブリア爆発」とは、古生代カンブリア紀、およそ5億4200万年前から5億3000万年前の間に突如として今日見られる動物の「門」[ii]が出そろった現象である。カンブリア爆発が起こった背景は初めて眼を持つ生物が生まれた、つまり、「眼の誕生」が原因であったという説がある。したがって、「眼を持つ機械」が誕生したことは、機械の世界でカンブリア爆発が起こったのと匹敵するくらい大きなインパクトを生む可能性があるといえるのだ。

i これを米マサチューセッツ工科大学（MIT）のデイビッド・オーター教授は「ポランニーのパラドックス」と名付けた。

ii 生物分類階級の一つ。たとえば、人間は哺乳類という「門」の一つに属する。

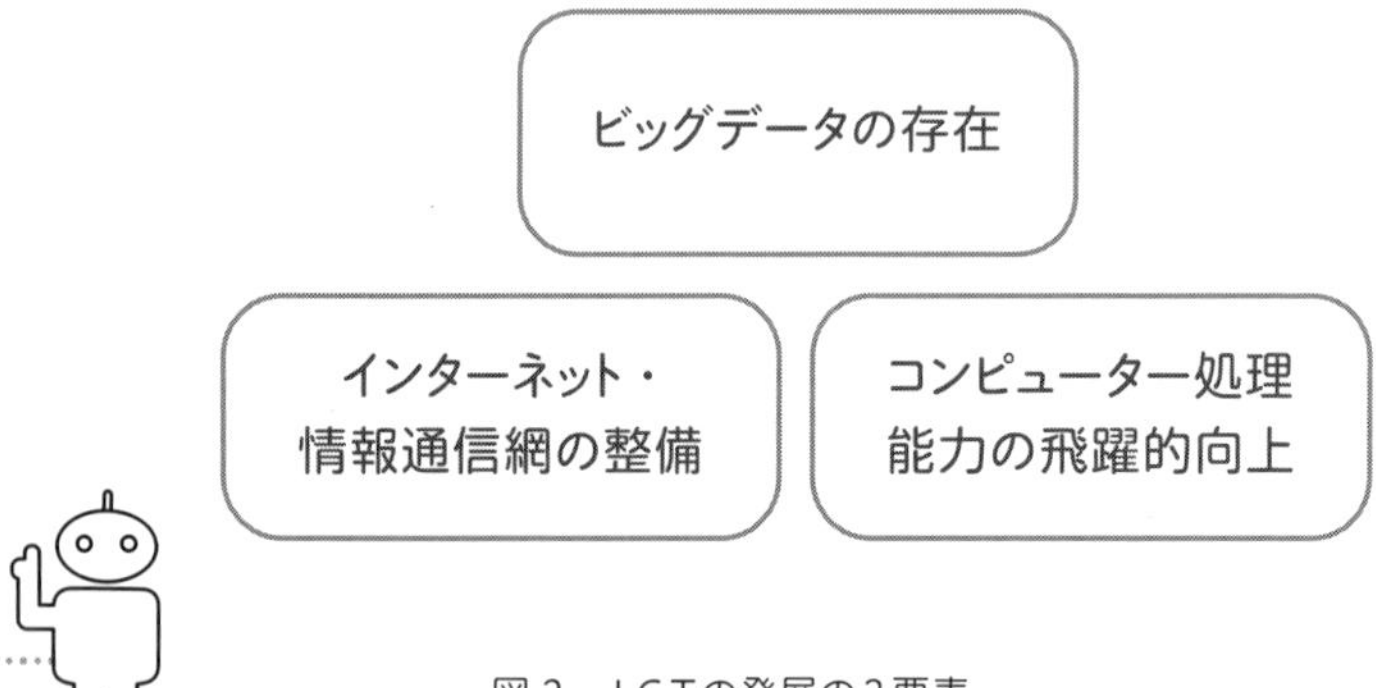

図2　ICTの発展の3要素

機械学習を支えるICT発展の3要素

このように機械学習の仕組み自体は非常に画期的であるが、ここまで予想を上回るペースで発展し、活用されているのは、ICTがそのインフラとなって土台を支えていることを忘れてはならない（図2）。

第一は、ビッグデータの存在である。機械学習の場合、パターンをつかむためには大量のデータを処理する必要がある。そうした大量のデータを集めるためには、使うべき情報がそもそもデジタル化されている必要がある。

第二は、インターネットや情報通信網の整備である。ビッグデータを入手するには、情報の入手・伝達・共有のコスト（時間、費用）が相当低くなっていることが前提であるからだ。

第三は、コンピューターの処理能力の飛躍的（ムーアの法則[iii]が示す通り指数関数的）向上である。ビッグデータを利用し、パターンを見つけていくにはしらみつぶしに検証していく必要があり、演算処理への負荷はかなり高い。こうしたハードの面での技術的飛躍もＡＩの躍進を支えている。

機械学習と伝統的な統計分析である回帰分析との違い

インプットのデータから目的であるアウトプットを予測するのは、機械学習の専売特許ではない。経済学を含めさまざまな学問分野で使われている統計分析の一手法である回帰分析がある。数値データ化されたいくつかの変数（説明変数）から目的である変数との関係を求める手法であり、説明変数を使って得た数値と被説明変数の誤差をなるべく小さくするように推計を行うという意味では、ＡＩと共通している。回帰分析で求められた推計式はもちろん予測に使うことができる。

しかし、機械学習と決定的に異なるのは、少なくとも経済学の場合、回帰分析はあくまでも経済理論の検証である。使用する説明変数と被説明変数の関係は理論的に説明されるべきであり、また、説明変数同士も独立であるという条件が課されている。被説明変数をうまく説明できればどんな変数を持ってきてもよいということではない。したがって、推計式の当てはまりの良さももちろん大事ではあるが、それぞれの説明変数が確かに理論通りの影響力を持っているか、つまり、変数の係

iii 半導体最大手の米インテルの共同創業者の一人であるゴードン・ムーア氏が１９６５年米『Electronics』誌で発表した半導体技術の進歩についての経験則で「半導体回路の集積密度は１年半～２年で２倍となる」という法則。

数が統計的にゼロとは異なる（統計的に有意である）かが重要になってくる。

一方、機械学習はインプットの変数に何も制限はない。どんな変数を使おうと、深層学習のように変数同士を組み合わせ、新たに重みを付けることも行われ、アウトプットとインプットの間の理論的な関係が求められているわけではないのだ。とにかく、予測の誤差を小さくするために手段を選ばず、むしろ、インプットの多量なデータから最適な関数形を学んでいくというのが機械学習である。大量のデータを使ってともかくも予測精度を上げることが目的であるためだ。経済学の実証分析では、回帰分析を行っても、変数の選択などが必ずしもしっかりした理論的背景に基づかずに行なわれていない場合は、「理論なき計測」と厳しく批判されてきた。一方、機械学習はむしろ、予測の精度を上げるためには、「理論なき計測」には少し目をつぶろうという立場をとっている。

第2節　AIの具体的な活用事例の分類

本書ではさまざまなAI活用の事例を扱うが、(1)「データ解析AI」、(2)「画像解析AI」、(3)「言語解析AI」、(4)「ゲーム解析AI」、の4つの分野に大きく分けて考えてみたい[iv]（図3）。この分類は主にAIが予測を行う場合のインプットの種類に応じた分類である。「画像解析AI」であれば画像（静止画像、動画）、「言語解析AI」であれば、特定の言語で表現された音声や文字・文章

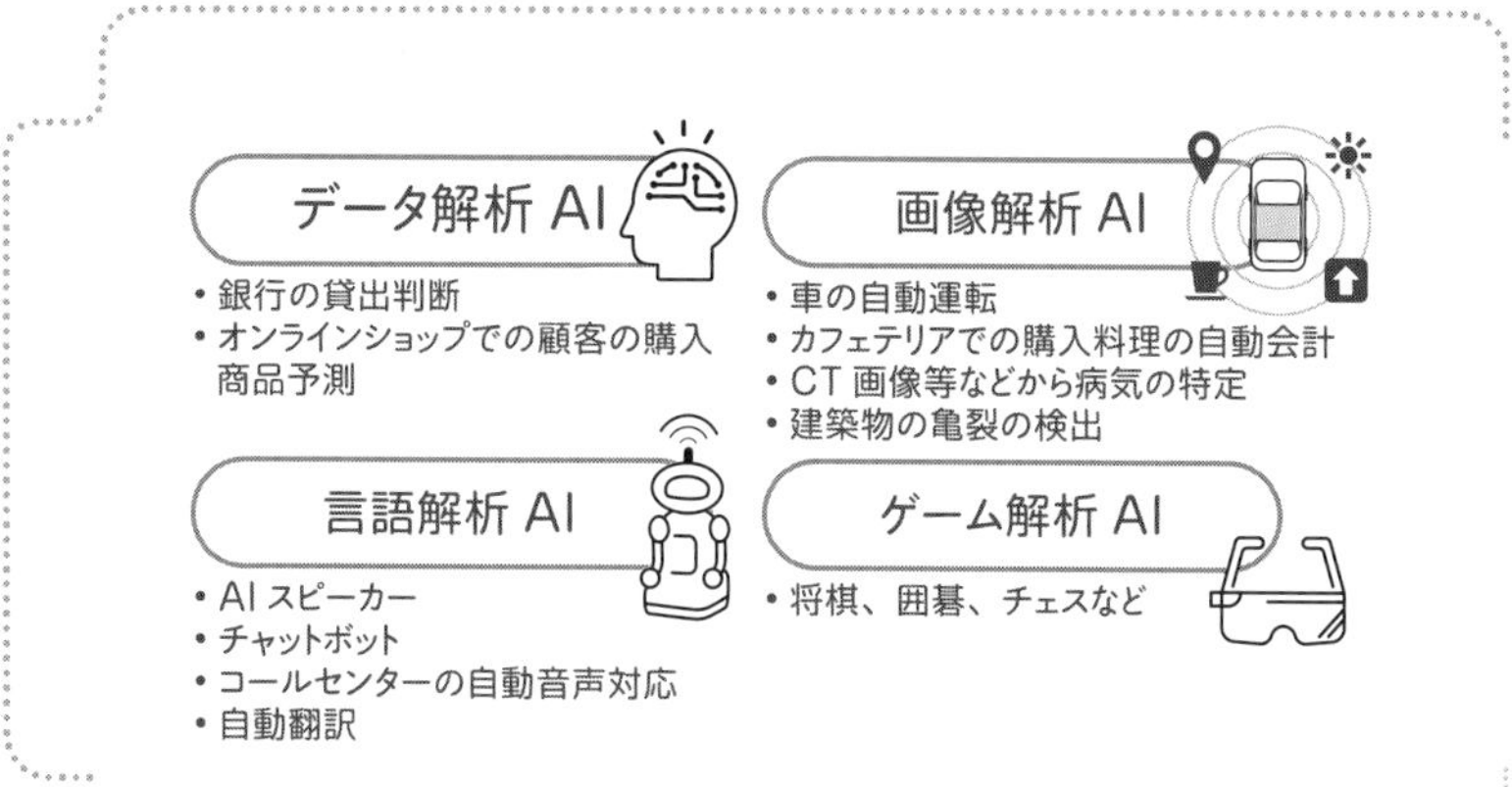

データ解析 AI	画像解析 AI
・銀行の貸出判断 ・オンラインショップでの顧客の購入商品予測	・車の自動運転 ・カフェテリアでの購入料理の自動会計 ・CT 画像等などから病気の特定 ・建築物の亀裂の検出
言語解析 AI	ゲーム解析 AI
・AI スピーカー ・チャットボット ・コールセンターの自動音声対応 ・自動翻訳	・将棋、囲碁、チェスなど

図3 AI の活用の具体的事例

（テキスト）がインプットとなる。一方、「データ解析ＡＩ」は、画像や言語以外のデータ、たとえば、各種数値データをインプットにしているＡＩをここでは想定している。「ゲーム解析ＡＩ」については、インプットの種類の違いというよりも、ＡＩによる予測の活用がゲームというかなり限定的なセッティングで行われていることを踏まえ、別の分類とした。

■データ入手に課題を残す「データ解析ＡＩ」

まず、第一に、「データ解析ＡＩ」をみてみよう。これは主に多種多様なデータを元に予測するＡＩである。たとえば、銀行の企業への貸し出し業務を考えてみよう。実際に、銀行

iv 藤本浩司・柴原一友（2019）『ＡＩにできること、できないこと』（日本評論社）では、予測系、画像系、言語系、ゲーム系の４つに分類しているが、分類はほぼ同じである。本書ではＡＩの基本的な機能を予測と整理しているので、予測という言葉をグループ化する際のキーワードとしては使わなかった。

が企業の貸し出しを行う場合、財務データなどの客観的なデータのみならず、その企業のリスクや成長性をその企業の経営層などとやりとりを行うことで判断、審査することが通例であった。

　しかし、中小企業向けには、前述のような客観データのみを使って、企業のリスクを予測し、貸し出しの判断を決めるクレジット・スコアリングという手法もＡＩ活用以前から行われるようになっていた。クレジット・スコアリングの手法は27ページで述べた回帰分析である。ある程度、企業のリスク決定にはどのような変数が影響するか経済理論に基づいて選択が行われるといえる。機械学習（深層学習）で行うとより多様なデータを使い、回帰分析よりも予測精度を上げることができる。

　他の例としては、顧客がオンライン・ショップの特定の商品を購入する可能性を予測するような場合である。顧客のさまざまな属性、興味、購入履歴などをデータから予測を行うことで購入可能性の高い顧客に対し選別的に宣伝などを行うことが可能になる。このようにＡＩの機械学習を使えば、従来の回帰分析よりも予測精度を上げるようにできることが大きなメリットとなるが、その一方で、できるだけ多様なデータを入手してＡＩに学習させる必要がある。データ解析ＡＩは、ＡＩの本質を予測と考える立場からはわかりやすい反面、いかにデータを入手するかということが大きなポイントになっていることがわかる。

■幅広い分野で活用が進む「画像解析ＡＩ」

第二は、「画像解析ＡＩ」である。画像認識の分野では、文字認識など特定の対象については技術が確立されていたが、限定を行わずあらゆるものを対象に画像から読み取り判断することは、「深層学習」によって飛躍的な向上をみせた。車の自動運転も車に搭載されたカメラが映し出す画像を通じて、他の車、歩行者、道路の白線、縁石、横断歩道、信号などを認識できることで可能となった。また、身近なところでは、たとえば、カフェテリアで自由に料理を選んで会計を行う場合、バーコードがついていなくてもレジで購入された商品の画像を通じてＡＩが判断して会計を行うこともできるようになっている。さらに、画像を通じて異常を見つけることも「画像解析ＡＩ」の得意技だ。医療におけるレントゲン、ＣＴ画像などから病気を特定する、建築物の壁や床などの損傷（きれつなど）を検出するなど各方面で利用されている。

「画像解析ＡＩ」は実用という観点からはその活用が最も成功している分野といえる。なぜなら、まず、インプットとして画像のみ準備すればよいことだ。多様なデータを必要とするデータ解析ＡＩと比較しても、インプットの入手のハードルは低い。また、「画像解析ＡＩ」の応用範囲がかなり広いことだ。あらゆる分野で活用が可能であるし、まさに、アイディア次第といえる。さらに、

v　一件あたりの貸出額が小口である中小企業者に対して、企業属性や財務諸表などの信用リスクと関係が深い諸変数を説明変数とする計量モデルを用いてスコアを算出して融資を決定する手法。

言葉にできないような「暗黙知」に関わる判断なども「画像解析ＡＩ」は可能だ。第5章でも詳述するように、長年の経験に基づく熟練者の勘やノウハウをＡＩが再現できることも「画像解析ＡＩ」の画期的な点といえる。

日常生活で身近な存在になっている「言語解析ＡＩ」

第三は、「言語解析ＡＩ」である。これはＡＩが音声や文字・文章などの言葉を理解するという自然言語処理にＡＩを活用するというものである。画像処理と並んで「深層学習」により飛躍的に機能が向上した分野といえよう。また、我々が日常生活で最も身近に感じているＡＩでもある。内蔵されているマイクで音声を認識し、情報の検索や連携家電の操作を行う「ＡＩスピーカー」（ｉＰｈｏｎｅの「Ｓｉｒｉ」など）やＡＩを用いて人間と自然な対話・応答を行うコンピューター・プログラムを搭載した「チャットボット」（ソフトバンクの「Ｐｅｐｐｅｒ」など）はその典型であろう。また、第3章でも紹介するが、コールセンターにかかってくる顧客からの質問に対し、解答候補をオペレーターに示したり、自動音声対応を行うＡＩも「言語解析ＡＩ」の範疇に入る。加えて、この範疇に入る自動翻訳（Ｇｏｏｇｌｅ翻訳、クラウド型音声通訳デバイス「ＰＯＣＫＥＴＡＬＫ」など）も近年の質の向上は目を見張るものがある。日常生活において便利さが実感できるＡＩといえる。

■人間を超える力を発揮する「ゲーム解析ＡＩ」

第四は、「ゲーム解析ＡＩ」である。チェス、囲碁、将棋などのゲームの分野においては、すでにＡＩが人間を超えているといわれている。チェスでは１９９７年にＡＩが世界チャンピオンに勝っている（具体的にはＩＢＭ社の「ディープ・ブルー」である）。当時、チェスよりも選択肢の多い囲碁や将棋においてＡＩが人間に勝つのはまだかなり先と考えられていたが、２０１６年にはまず囲碁で世界トップクラスの棋士に圧勝し（具体的にはGoogle Deep Mind社の「ＡｌｐｈａＧｏ」である）、将棋においても、第3章で詳しく述べるように、２０１７年に当時、名人のタイトルを保持した棋士を破っている（具体的には山本一成氏がメインの開発者である「Ｐｏｎａｎｚａ」である）。

ＡＩにとってはこうしたゲームは非常に力を発揮しやすい分野といえる。自分と相手がどういう手を打つかのみを考えればよく、それ以外の要因は考慮に入れる必要もなく、また、不確実性も存在しないためだ。選択肢が膨大であったとしてもしょせん有限であるので、しらみつぶしにやるＡＩの本領がいかんなく発揮できる。加えて、勝ち負けが明確であるので、ＡＩが最善の手を学習しやすいという点も重要だ。

驚くべき点は、近年の「ゲーム解析ＡＩ」はかつての人間の棋譜などを元にした教師学習ではなく、純粋に強化学習のみでゼロから始めて一日もかからずに人間を超えるまでのレベルに到達することができるということだ（具体的には、Deep Mind社の「ＡｌｐｈａＺｅｒｏ」である）。ＡＩが最も成功している分野の一つといえる。

第3節 AIと他の新たなテクノロジーの比較

本章では、新たなテクノロジーの中でも特に、AIに着目し、その本質的な役割である予測に焦点を当てながら詳述してきた。しかし、AIと他の新たなテクノロジーであるICT、ロボット、RPA（Robotic Process Automation）[vi]などが明確に区別することなく議論されることも多い。本節では、新たなテクノロジーを大きく、①ICT、②ロボット、RPA、③AIに分けた上で、すでに議論したAI以外の、①ICT、②ロボット、RPAについて、AIとの比較も加えながら、その特徴や本質について論じてみよう。

■ICT、ロボットの本質とは何か

ICT（情報通信技術）は情報のデジタル化、入手・処理・伝達・共有に関するテクノロジーであり、前述の①～③のすべてのテクノロジーの基礎になっていることはいうまでもない。インターネットの登場、コンピューターの処理能力の飛躍的拡大、移動通信システムの革新、スマートフォンの普及が大きなポイントで、AIのインフラとしての根幹を支えている。ICTの発達で情報の

処理・伝達・共有が瞬時かつ限りなくゼロに近いコストで実現できるようになったことは、こうした情報の処理・伝達・共有の効率性を飛躍的に拡大させることになった。ＩＣＴは経済の各分野に革命的な影響を与えてきたが、仕事の内容・進め方、働き方、組織の形態や意思決定も、もちろん例外ではない。ＩＣＴは大変汎用的な技術であるだけにその使い方の可能性は想像以上に広範である。新たなテクノロジーというとＡＩばかり強調されることが多いが、ＩＣＴの活用でできることはまだかなりあることに留意が必要だ。

ＩＣＴによってデジタル化される情報は、メールや書類などのテキストはいうに及ばず、画像、音声、映像を含め広範囲に及んでいる。その意味では、ＩＣＴ活用の試金石は、いかにさまざまな情報をデジタル化できるかにかかっているといえる。位置情報をデジタル化するＧＰＳ（全地球測位システム）や人間のさまざまな行動等を記録するセンサーの発達もＩＣＴの活用の点からすれば革新的な進歩といえる。スマートフォンがここまで大衆に普及し、携帯、利用されていることは、デジタル化された情報の生産、利用という観点からも大きなインパクトを与えている。

このように、あらゆる情報がデジタル化、データ化されそれが自由に伝達・共有できるということがＩＣＴの本質で、それはＡＩ活用の重要な前提条件であるが、ＩＣＴそのものは「予測」の機

vi　ホワイトカラーのデスクワーク（主に定型作業）を、パソコンの中にあるソフトウェア型のロボットが代行・自動化する概念。

能は持たないことに注意する必要があろう。コンピューターの情報処理については本書ではＩＣＴに分類して考えているが、ＡＩが行っているような、ある情報のインプットから、目的とする情報のアウトプットを生成させる特定の「アルゴリズム」については、ＩＣＴの範疇に入れていない。処理速度などより物理的な能力により着目していると整理できよう。

■ＡＩとは区別すべきロボット（自動化）

ＩＣＴによる情報のデジタル化と並ぶ新たなテクノロジーの重要な柱はオートメーション（自動化）である。自動化とはこれまで人間が行っていた作業を代わりに行うことを意味する。物理的な作業を行うハードウェアがロボットであり、コンピューター上で行う作業を人間の代わりに行うソフトウェアがＲＰＡ（Robotic Process Automation）と考えればよいであろう。この場合、通常は人間が具体的な指示ができるような定型的な業務を受け持つことが想定されている。つまり、自動化により、これまで人間が行っていた定型的な業務が、ロボットやＲＰＡに代替されることを意味する。

このようにＲＰＡを含めて「ロボット＝自動化」と認識することは正しい。しかし、ＡＩをロボット（自動化）と同一視すべきではない。もちろん、ＡＩの中には、自分が行った予測をそのまま実行に移すタイプのＡＩも存在する。自動車の自動運転は典型例である。そのようなＡＩは特殊なロボットとして考えてもよいであろう。しかし、ＡＩを基本的に人間並みの知能を持った、または、どこまでも人間の知能に近づくロボットとイメージするべきではないことを強調しておきたい。

ＲＰＡやＡＩはもちろん、ＩＣＴのベースの上に立脚している技術である。特に、ＡＩがその本質である「予測」を行うためには、先にみたように大量のデータが必要になってくる。こうしたビッグデータの入手がこれまでみてきたように、ＩＣＴの発達に大きく依存していることはいうまでもない。

以上のように、ＡＩ、ＩＣＴ、ロボットと３つのグループに分けた新たなテクノロジーは相互に連関し合い、前提・基盤となったり、機能として重なる部分もあるが、本質的な特徴や役割は十分に区別することが重要である。

第１章のまとめ

- ＡＩの本質はインプットからアウトプットを「予測」する機能である。
- 多量のインプットで自ら予測機能を向上させることができる機械学習（深層学習も含む）によりＡＩの性能は飛躍的に高まり、人間固有と考えられてきた暗黙知の領域まで侵入した。
- これは、特に、ＡＩが画像処理・解析を行うことができるようになったこと、つまり、「眼を持つ機械」の登場によることが大きい。

・また、ＡＩの機能向上には、ビッグデータの存在、インターネット・情報通信網の整備、コンピューター処理機能の向上も影響している。
・ＡＩの予測は統計処理の手法の一つである回帰分析とは異なり、特定の理論や因果関係を仮定しているわけではなく、純粋に予測精度を上げることが目的となっている。
・ＡＩの具体的な活用事例は、大きく分けて、⑴多種多様なデータをインプットに予測を行う「データ解析ＡＩ」、⑵画像をインプットに予測を行う「画像解析ＡＩ」、⑶音声、文字・文章をインプットに予測を行う「言語解析ＡＩ」、⑷囲碁、将棋などのゲームを行う「ゲーム解析ＡＩ」に分けることができる。
・これまでのところ最も成功を収めているのは「画像解析ＡＩ」、「ゲーム解析ＡＩ」、日常生活に浸透しているのは「言語解析ＡＩ」といえる。「データ解析ＡＩ」はインプットの多量・多様なデータの入手が課題となっている。
・ＩＣＴの本質はあらゆる情報がデジタル化、データ化され、自由に伝達・共有が可能になることであり、ＡＩ活用の重要な前提条件である。
・ロボットは人間に代わって物理的な作業を行うハードウェアとともにコンピューター上で定型的な業務を行うＲＰＡを含め、その本質は自動化である。
・しかし、ＡＩとロボット（自動化）はイコールではなく、分けて考えるべきである。

第2章

AIで雇用はどうなる

――悲観論を排す

第1節 新たなテクノロジーは職を奪うのか
――これまでの常識とAIの非常識

第1章では、AIに始まり、ICT、ロボットといった新たなテクノロジーについて基本的な特徴や違いについて論じた。本章では、再びAIに焦点を当ててみたい。AIが経済の関係で語られるとき、最も大きな関心を集めてきたのが雇用への影響であろう。AIが人間の仕事を奪い、雇用が失われてしまうのではないかという不安が根強いことは確かである。しかし、AIに限らず新たな技術が職を奪うという懸念は歴史上幾度となく繰り返されてきたことを忘れてはならない。まずは、こうした歴史的経験を簡単に振り返ってみよう。

こうした技術的な失業への不安が爆発した典型例としては、まず、産業革命初期に職を脅かされた英国の繊維工業の労働者らが機械、工場を破壊して回ったラッダイト運動が挙げられる。その後、1930年代に技術革新が物質的な繁栄を導くと同時に、省力化のペースが速ければ技術的失業が広がることを警告したり、80年代に生産の最重要要素としての人間の役割はかつての馬と同じように縮小すると論じた稀代の経済学者も存在した。[i]

しかし、過去200年間を振り返ってみれば、特定の職業（ジョブ）は技術革新で消滅しても、技術革新は労働生産性を向上させ、それが所得水準の向上に反映された。消費者は所得水準が高くなればこれまでにない新たな商品やサービスを欲するようになる。そうなるとこうした新たな需要の創出に対しそれを満たすような商品・サービスを生み出し、供給することでそうした需要を顕在化させる企業・産業が登場してきた。こうした企業・産業が新規雇用を創出することで、失われた職はあったとしても経済全体でみれば雇用は増加してきたのだ。

新たなテクノロジーで代替される仕事、代替されない仕事

また、今世紀に入ってからこの問いに対して経済学からの基本的な答えは、以下のようにまとめることができる[1]。職業（ジョブ）を構成する業務（タスク）を、「ルール・手順を明示化できる定型的業務（現金出納、単純製造等）」と「明示化しにくく、やり方を暗黙的に理解している非定型的業務」に分けてみよう。すると、前者は中スキル・中賃金職業を形成してきたが、新たなテクノロジーの影響を受けやすいこともあって米国、欧州、日本を含めその割合がこれまでも低下していることがいくつかの研究で明らかになっている。

i 前者は、ジョン・メイナード・ケインズ氏であり、後者は、ノーベル経済学賞受賞者のワシリー・レオンチェフ氏である。

さらに、非定型的業務を知識労働と肉体労働に分けると、非定型的知識労働（プロフェッショナルなど）は高スキル・高賃金職業を形成する一方、非定型的肉体労働（清掃など）は低スキル・低賃金職業を形成し、両者の割合がおおむね増加するという職業の二極化が先進国で起きている。こうした分析アプローチに従えば、新たなテクノロジーの悪影響を受けるのはもっぱら定型的業務の職業に限られることになる。こうした見方が今世紀に入ってから少なくとも10年程度は経済学者のコンセンサスとして受け入れられてきた。

AIはこれまでのテクノロジーとどこが違うのか

新たなテクノロジーの影響が定型的な業務の自動化に限られているのであれば、こうした見立ては正しいであろう。しかし、ＡＩの技術革新のスピードはかなり速く、第1章でみたように、人間しか扱えないとされてきた暗黙知の領域まで機械が侵食してきているという認識が重要である。その意味で、テクノロジーが人間の暗黙知の領域に侵入してきたことは人類史上初めてといえる。

たとえば、自動車の運転手は非定型的肉体労働の典型とされてきたが、自動運転の精度は前述の通り、驚くほど高くなっている。また、暗黙知が活用される画像認識などのパターン認識や機械学習による予測の精度も予想以上に上がってきている。

こうして新たなテクノロジーが及ばないといわれてきた暗黙知を要する非定型的な業務にまで自

動化が進んできていることが、これまでの技術革新とは異なり人々が将来の雇用に対して強い不安感を覚える背景になっていると考えられる。

第2節 AIの雇用への影響――経済学はどこまで接近できているのか

以下では、AIの雇用への影響について理論面、実証面でこれまで蓄積されてきた研究、分析を紹介することとしたい。その際、注意すべき点は、近年の研究においても、その多くは第1章でも注意を促したようにAIとロボットが十分区別されておらず、自動化（オートメーション）の視点が強調されている点である。この点に留意しつつ、現時点での経済学がAIの雇用への影響に対しどの程度接近できているか丁寧に追ってみたい。

理論的な整理

これまで大きな論争があったAIの雇用への影響については、ロボットとAIについて区別していないが、自動化に焦点を当てて、賃金や雇用への影響を考察している理論モデルを紹介してみたい[2]。

このモデルによれば、自動化によりこれまで人が担っていた仕事が代替されることで確かに雇用や賃金を低下させるが（雇用代替効果）、それを相殺するプラスの効果も存在する。まず、自動化によるコストの節約で経済が拡大し、自動化されていない仕事への需要が高まる効果（生産性向上効果）である。

また、自動化により資本蓄積が進むことは資本への需要が高まることを意味し、機械が増えれば、それを扱う労働者も増えるという意味での労働需要も増加する。さらに、すでに自動化されている仕事を行っている機械の生産性をさらに高めるという効果（自動化深化効果）も考えられる。

したがって、自動化で雇用が代替されるマイナス効果ばかりに気をとられるのではなく、生産性が高まることなどで回りまわって戻ってくるプラス効果があることをまずは忘れてはならない。しかし、この理論モデルでは、前述のようなプラス効果だけでは賃金は生産性ほど伸びずに、労働者の取り分であるところの労働分配率は低下してしまうことを示している。つまり先に指摘した相殺効果だけでは不十分であるということだ。

一方、このモデルで「雇用代替効果」を相殺しうるという意味で最も重視されているプラス効果は、こうした自動化により新たな労働集約的な仕事が生まれ、新たな活動へ労働者を復帰させるという効果（新たな仕事への復帰効果）である。この効果は労働分配率を上昇させるように働く。したがって、自動化で労働者の取り分が増えるといったメリットが享受できるようになるためには、人間が行う新たな仕事が自動化をきっかけに作られていくかどうかが大きな分かれ目になることがわかる。

理論モデルが示唆する懸念材料[3]

しかし、注意しなければならないのは、経済や労働市場においてこのような調整が迅速に進むとは限らない。特に、労働市場における労働者の再分配・移動には時間と痛みを伴う場合も多い。こうした調整の遅れは生産性向上にはマイナスの影響を与えることになる。

たとえば、新たな技術・仕事と必要とされる労働者のスキルの間にミスマッチが生じれば、労働需要の調整を遅らせ、労働者間の格差を拡大し、生産性の向上を抑制することになる。新たな技術と補完的なスキルをいかに身に着けるかが重要となり、その意味でも後述するように教育システムの役割は大きいといえる。

また、自動化が過剰に進んでしまうような場合も問題だ。過剰な自動化はそれ自体、非効率であるばかりでなく、限られた資源を無駄に使い、雇用を過剰に代替することで生産性を低下させてしまう可能性もある。ＩＣＴの発展にもかかわらず米国の生産性の増加が芳しくないのはこうした過剰な技術の適用で必ずしも新たな仕事が生み出されていないからという指摘もある[4]。

■実証分析からみた雇用・賃金への影響の評価

●衝撃を与えた雇用代替予測の問題点

まず、悲観論の基になる研究としては、序章でも紹介した今後20年間で米国の労働の半分程度（47％）がコンピューター（AI＝機械学習と移動ロボット）化され、代替される可能性が高いとされた。この予測が世界に衝撃を与えたことは記憶に新しい。[5]

しかし、この試算にはいくつか問題点がある。たとえば、各職業（ジョブ）は同質的であることが仮定されているが、それぞれの職業を構成している業務（タスク）は多様であり、異質な場合も多いと考えられる。このため、一つの職業がまとめて代替される、されないと判断するのは適切ではないであろう。同じ職業でも業務の中には代替されるものとされないものがあるはずだからだ。こうした職業を構成する業務の多様性・異質性を考慮すると、代替される可能性のある労働の割合は1割弱まで減少することを示した研究もある。[6]

また、新たなテクノロジーの影響を考える際、これまで強調してきた通り、AIとロボットを同じように考えるのは適切ではない。確かに両者は一体的に運用され、自動化と捉えられることが多い。ロボットはもちろん自動化の典型例であるが、AI、特にディープラーニング（深層学習）を含む機械学習の本質は、前述のように、ビッグデータであるインプットから目的であるアウトプットを求める「予測」と理解すべきであり、自動化と分けて考えることが重要だ。AIを人間に限りなく近づくロボットと考えてしまうと、雇用代替への懸念は果てしなく大きくなってしまう。

そもそも、最初に紹介した衝撃的な予測は各職業に対し、コンピューター化で労働が代替されるか否かに関する専門家の主観的な予想・判断に依存している。したがって、よりエビデンス（証拠）に基づいた議論を行うためには、以下で紹介するように現実（過去）のデータを使った実証分析に着目すべきだ。

ロボット利用の雇用・賃金への影響——対象データ、対象国で異なる結果

●地域データによる分析

新たな技術の雇用・賃金への影響に関する実証分析はこれまでのところ、ほとんどがロボット利用の影響に集中している。その先駆けとなる米国を対象とした研究は、地域別データを使い、ロボット利用の進んでいる地域ほど雇用や賃金が減少することを示した[7]。[ii]

また、同じ手法を欧州6か国に対して適用した分析は、欧州においてもロボットの利用の進んでいる地域ほど米国と同程度、雇用が減少することを明らかにしている[8]。特に、中程度の教育レベル、若年労働者への影響は大きい。一方、米国とは異なり賃金への有意な影響はみられなかった。

ii　地域別データを使った分析は雇用への影響をみるために当該地域の雇用人口比率に着目している。

同様の手法をドイツに適用した分析をみると、[9] 前述の欧州の分析とは逆にロボット利用の負の影響は賃金にあり、雇用全体にはみられなかった。製造業の雇用が若年労働者の就職に集中して減少したが、サービス産業の雇用増加がそれを上回ったためである。

米国の場合も自動化でも雇用は減少しないことを明らかにした研究がある。[10] ロボット利用ではなく自動化に関わる特許の産業別利用度に着目し、地域レベルでみた自動化特許増加は、当該地域の雇用を増加させることを示した。また、日本も同様の地域別分析を行うと、ロボットの導入が雇用を増加させるという結果が出ている。[11]

以上の分析をみると、同じ手法を使った分析でも国によって結果が異なるし、同じ国でも自動化の指標の取り方で結果が変わってくることがわかる。地域別データによる分析をみる限りは、雇用や賃金への影響はさまざまであり、必ずマイナスになるとは限らない。これらの分析から部分的に明らかになってきたのは、産業別、労働者の年齢やスキルに分けて細かくみると影響が異なるということだ。

これらの結果を踏まえると、地域別にみるという分析手法自体がやや粗いという問題があるかもしれない。そこで、地域別よりも対象をより細かくみた企業別のデータを使った分析に着目してみよう。つまり、企業別にロボットの利用程度の違いが雇用や賃金に与える影響をみる分析である。

●企業別データによる分析

企業レベルのデータを使ったロボット利用の影響の分析はまだわずかであるが、雇用へのマイナスの影響を明らかにした分析はある。オランダの企業別データを使った分析は[12]、ロボットなど自動化への企業支出は、年間の就業日数を減少させた後、既存の雇用者の離職確率を高めることを明らかにした。しかし、賃金には影響はなかった。

一方、ロボット利用は企業レベルでもむしろ利用企業の雇用全体を増加させるという分析も存在する。カナダの企業別データを使った分析[13]はその一例である。この分析は、従業員の訓練や生産技術に関する管理職の意思決定の削減にロボット投資が関連していることを明らかにした。管理職は減少しつつも、非管理職の増加がそれを打ち消す結果となったため、企業の雇用は全体として増加した。また、スペインの企業別データを使った分析[14]も、ロボット利用は数年以内で労働コストの引き下げ、雇用の純増をもたらすことを示している。興味深いのは、ロボットを使わない企業の雇用喪失はむしろ使う企業より大きかったことである。

この点については、フランスの企業別データを使った分析[15]でも同様の結果が得られている。具体的には、ロボット利用は雇用、付加価値、生産性の変化にプラス、労働分配率、生産労働者の割合の変化にはマイナスの影響を与えることを見出した。一方、この研究は、同じ産業に属するライバルがロボットを利用している場合の効果もみており、それは逆に雇用や付加価値の変化にはマイナスになっていることを指摘している。つまり、雇用については、ロボットを利用している企業はプラスの効果があるが、利用していない企業はライバルの利用でマイナスの効果を受けているということだ。

そうなると、産業全体の雇用への効果はどうなるかが興味あるところだが、この研究ではマイナスとなっている。この分析結果のみから、産業レベル、マクロレベルでの影響を類推することは慎重であるべきだが、[iii]企業経営の立場からは、ロボットを利用しないことがライバルとの競争に敗れ、自企業の雇用を削減せざるを得なくなる可能性があることは重要な示唆である。以上、企業別データを使った分析については、雇用、賃金への影響に関する結果はやはりまちまちであるといえる。

これまで紹介してきた実施分析の結果をみる限りは、現時点では、対象国や対象データによってロボット利用の雇用、賃金の効果は異なり、ある一定方向の結論を導くことは難しいといえる。もちろん、労働者のタイプを絞っていけば、ロボット利用により負の影響を受けるグループがあることは否定できない。しかし、雇用全体に対しては必ずしも負になるとは限らないことは実証分析から得られた重要なエビデンスと考えられる。したがって、労働代替効果がかなり大きいと想定されるロボットの場合でも、雇用全体への影響を過度に悲観すべきではないと結論できよう。[16]

■ＡＩに特化した実証分析

ＡＩについては、その本質である「予測」は人間の労働とより補完的な関係になれる可能性があるため、悲観論はさらに後退しうる。ＡＩに特化した実証分析はわずかであるが、まず、米国の職業を構成する業務に対し機械学習がどの程度適用されやすいかを数値で評価した研究をみてみよう。[17]職業ごとに職業レベルでの機械学習適応度を集計し、職業レベルでみた機械学習適用度合いと賃金関係指標との関連性を調べると、両者の相関関係はかなり低いことが明らかにされている。

また、別の米国の個人レベルのデータを使った研究では、[18]機械学習適用度合いは賃金の変化や失業する可能性には有意に影響を与えないことを見出した。これらの分析結果をみる限り、機械学習がより適用されやすい職業だからといって賃金が低かったり、失業しやすくなるというわけではないといえそうだ。

また、米国の職業別に求められる能力に関してＡＩの発展がその向上にどの程度寄与しているかを調べた研究では、[19]ＡＩの発展の寄与の高い職業ほどむしろ逆に賃金を有意に上昇させるとともに、失業する可能性を低下させることがわかった。このように、ＡＩに特化した実証分析は緒についた

iii　ロボット利用が進んでいない企業から受けるマイナス効果が大きいのはロボット利用が普及していく移行過程での現象と解釈できるかもしれず、さらに普及が産業全体として進めば効果も変化していく可能性があろう。

ばかりであるが、今のところ雇用や賃金への悪影響は少なくとも確認されていない。[20]

第3節 AIと人間との補完的な関係の構築

AIで生まれる新たな業務・職種

これまでみてきた既存の研究結果を踏まえると、AIが我々の雇用のほとんどを奪ってしまうという議論には大きな問題があることがわかる。第一は、AIの労働代替効果が過大評価されていることである。確かに人間がこれまで行ってきた予測機能をビッグデータの使用により、効率的に行うという意味で非定型的な仕事でもAIにとって代わられるものも出てくるであろう。その一方で、AIと強い補完性を持つ仕事、労働も出現してくることになる。そうなれば、AIと労働の補完性が生産性、所得の上昇、さらには、労働需要の拡大を生むことになる。こうしたAIと補完的になるような仕事・労働の出現はむしろこれまで過小評価されてきたといえる。したがって、AIと人間がウイン・ウインの関係で共存していくためには、働き手がいかにAIと補完的な関係を築けるかどうかにかかっているのである。言い換えれば、AIに代替されない補完的なスキルをいかに身に着けるかが重要となるのである。

歴史的にみても、19世紀の英国で新産業が勃興したときに、技術者、機械工、修理工、管理人、間接部門従事者、経営者などの新たな職種が生み出されたことと対比して、ＡＩについても、現在、ＡＩを活用する企業には、ＡＩを教育する職業、ＡＩの出した結論を顧客に説明する職業、ＡＩのパフォーマンスを監視する職業などまったく新たなカテゴリーの職業が生まれてきているとの指摘もある。[21]

また、米国で銀行ＡＴＭが普及していく過程で、大きく減るとみられた銀行の窓口係の数は30年間でむしろ増加した。現金を扱うような定型業務は縮小したが、ＩＴの発展で個々の顧客と密接な関係を作ることが可能となり、追加的なサービス（クレジットカード、ローン、投資）を提供する新たな業務が生まれたためだ。[22] 先の自動化に関する理論モデルの箇所でも強調したように、ＡＩの活用、普及が進む中で、新たな職業や業務がどれだけ生まれるかということが大きなカギを握っている。

異なるスキル・業務が組み合わされた職業

もう一つの視点は、職業（ジョブ）とそれを構成する業務（タスク）の関係である。たとえば、中スキルの職業も細かくみるといくつかの異なるスキルが要求される業務から成り立ち、互いに補完性があることが多い。たとえば、一定の技術が求められるが定型的な業務と、対面的やりとり・柔軟性・適応性・問題解決といったスキルが要求される非定型的業務の組み合わせである。これらの業務をばらして前者のみ機械化すると効率性が大きく損なわれるため、機械化が進んでも代替されにくい。

そのような中スキルの職業例として、医療技術者、配管工、大工、電気工事士、自動車整備士、調整や意思決定が必要な流通部門の事務職などがある。近年、米国では、中スキル職業全体の割合が低下する中で、こうした新たな中スキル職業の割合はむしろ高まっていることが明らかにされている。[23]

職業はいくつかの業務で構成されており、AI＝機械学習に代替される程度は業務によってかなり異なるはずだ。AIはロボットなどこれまでの自動化とは大きく異なる技術であり、自動化と比べても個々の業務に与える影響も相当異なると考えられる。このように考えると、AIの場合は、これまでの自動化のように多くの職業を丸々完全に代替する可能性は大きくないのではないかという推論も成り立つ。[24] AIの雇用や賃金への影響を悲観する必要はなく、人間とAIは、補完的関係構築をどこまでも目指していくことで、両者の共存は可能であるのだ。

第2章のまとめ

・新たな技術が職を奪うという懸念は歴史上何度も繰り返されてきたが、生産性、所得水準が上がることで新たな需要が生まれ、それを満たす企業、産業が生まれ、雇用全体が拡大してきた。

・21世紀以降、経済学では、新たな技術は中スキルの定型的な業務（タスク）を縮小させるが、高スキル、低スキルを問わず非定型的な業務は影響を受けにくいという認識がコンセンサスになっている。

・一方、ＡＩはこれまでの技術とは異なり、人間の暗黙知の領域まで侵入してきているため懸念が拡大している面もある。

・ＡＩを含めた技術が将来雇用の半分程度を代替するというセンセーショナルな予測は仮定、手法に問題点があり、雇用への影響は現実のデータを使った実証分析を議論の根拠にすべきである。

・現時点では、ＡＩよりも雇用代替が起こりやすいロボット（自動化）の利用度に着目した実証分析が中心となっているが、結果はまちまちであり必ずしも雇用を削減する結果にはなっていない。

・ロボットよりも人間との補完性が期待できるＡＩに特化した分析は、現時点ではわずかに留まるものの、雇用や賃金への悪影響はみられない。

・職業はいくつかの業務により成り立っているが、ＡＩによって代替されるかは業務によってかなり異なり、ＡＩでまるごと代替される職業は多くはない。

・ＡＩ時代に雇用拡大を目指すためにはＡＩの活用・普及に伴い新たな業務・職業がどこまで生まれるかが大きなカギとなっている。

第3章

AIでスキルが変わる

――「AIコーチ」の役割

第2章では、ＡＩ≠ロボット（自動化）であるので、働き手を代替することに対しては過度に悲観的になる必要はないことを既存の研究に基づいて論じた。むしろ、ＡＩが人間を代替するのではなく、我々の生活を豊かにするような貢献を予想以上のスピードで進展させていることを理解する必要がある。以下、本章から第7章までは、さまざまな分野・観点から、ＡＩがいかに我々の生活やビジネスを変化させ、浸透しているかを取り上げていくことにする。

本章では、まず、手始めに我々のスキルを伸ばす、また、スキルの習得を早めるためにＡＩがいかに貢献しているかを紹介してみたい。ＡＩは我々に常に付き添って、アドバイスをしてくれる経験豊かなベテランの「コーチ」、「先生」のような存在とも位置付けることができる。以下では、こうした「ＡＩコーチ」の実例について、⑴学校教育、⑵スポーツ、⑶将棋、⑷ビジネスの現場という４つの具体的な分野における「ＡＩコーチ」の役割を紹介してみたい。

第1節 学校教育に革命を起こす「AIコーチ」
――AI活用型アダプティブ・ラーニング

■従来型の授業の問題点

これまでの学校教育は、小中高大学にかかわらず、一つの教室に生徒を集め、先生が授業を行い、生徒は黒板に書かれた板書や説明を聞きながらそれをノートに書き写し理解に努めるというものである。授業中に先生が生徒に質問をしたり、問題を解かせたりすることはあるが、一クラスの人数が多いため、そうしたインタラクティブなやりとりはどうしても限られてしまう。特に小中高では学習指導要領に掲げられた内容を一通りカバーしなければならないため、時間的な関係からどうしても一方通行的な授業になりやすい。

こうした中で生徒の理解度を現在進行的にチェックするのは、こまめに宿題や小テストを行うことで可能となるのだが、これも時間的な制約や採点などの負担がかなり大きい。そのため、中間、期末テストという限られたタイミングで、生徒の理解度をチェックするしかない。しかし、そうしたテストでは単に成績を付ける目的に終始してしまいがちであり、本人の理解度をしっかり引き上げていくというプロセスは残念ながら含まれていない場合が多いのが実情であろう。

このような従来型の教育方法の問題点は、生徒本来の能力、学校外での勉強量などの違いにより、同じクラスでも生徒の理解度に大きな差がでてしまい、それにきめ細かく対処するリソースが決定的に不足していることである。このため、授業はクラスの平均的な理解度を持つ生徒に合わせたものにならざるを得ないが、当然のことながら理解度の高い生徒にとって授業は退屈になる一方、理解度の低い生徒は授業についていくことが難しくなってしまう。特に、算数・数学、英語などの「積み上げ教科」と呼ばれる科目は、基礎を一歩一歩固めて積み上げていくことが大切なため、どこかの時点で理解が不十分になればその先のレベルの理解は大変難しいものになる。数学の場合、小学校の算数の分数でつまずいていることがその後の理解を難しくしていることはよく聞くところだ。

また、学校教育の「要」である授業についても、先生の能力、教え方によって、生徒の理解度は大きく異なってくる。授業が学校生活の大半を占めることを考えると、授業や教え方がうまくない先生に習うことによる損失は予想以上に大きいといえる。しかし、そこを強調することは、学校との関係悪化を恐れるため生徒や保護者からタブー視されてきたことは否めない。

こうした状況の中、優秀であり、家計に余裕のある生徒は塾・予備校で先取り的に、また効率的に学び、学校は生徒同士が交流する場であるといったように割り切ってしまっている場合も多い。一方、授業についていけず、また、家計に余裕がなく塾、家庭教師などを活用できない生徒の場合は、やはり、学校が勉強の学びの場所ではなくなってしまっており、特に、義務教育の公立校の場合、少なからずの生徒が求める授業・勉強を必ずしも提供できていないといっても過言ではない。

また、これからのＡＩ時代を生き抜くためには、各科目の履修内容を理解するだけではなく、先生と生徒、または、生徒同士のインタラクティブなやりとり、議論、共同作業を通じながら、何が課題なのかを発見し、それを解決していくプロセス、言い換えれば、「答えのない問い」に挑むことで思考力、想像力、判断力などを養っていくことが重要と考えられる。しかし、既存科目の履修に大部分の時間がとられ、前述のような取り組みに割く時間は残念ながら十分ではないのが現状である。

EdTech、eラーニング、アダプティブ・ラーニングとは

こうした状況をまさに一変し、教育に革命的な変化を起こしつつあるのが、ＩＣＴを活用した、ＥｄＴｅｃｈ（Educational Technology）、eラーニングであり、さらにＡＩを活用したアダプティブ・ラーニングである。ＥｄＴｅｃｈは、Education（教育）とTechnology（テクノロジー）を組み合わせた造語であり、ＩＣＴを活用して、教育業界や教育市場にイノベーション（技術革新）を起こすような、新しいビジネス領域、教育サービス、教育手法、スタートアップ企業などの総称として、広範囲で使用されている。

また、eラーニングとは、インターネット技術を用いて学習することであり、また学習を行うた

めの教材や学習管理システムの総称である。さらに、アダプティブ・ラーニングとは、学習に対する生徒個々の理解度や達成度などを把握し、それぞれの進捗状況に適した学習内容や方法など個別メニューを提供することで一人一人に最適化された効率的な学びを実現する学習形態を指す。特に、ＩＣＴ、ＡＩを活用したアダプティブ・ラーニングは、ＥｄＴｅｃｈやｅラーニングの一形態であるが、前述の伝統的な対面型授業の問題点をほとんどすべて解決するといっても過言でない革命的な力を備えていると考えられる。

ＡＩ活用以前のｅラーニング、アダプティブ・ラーニングの例

まず、こうした教育革命を引き起こしつつあるＡＩを利用したアダプティブ・ラーニングを詳説する前に、こうした問題点克服のために取り組まれた例を挙げてみたい。多くは、小中高大といった教育機関よりもより競争的な環境にある塾・予備校などの取り組みである。

たとえば、ＥｄＴｅｃｈやｅラーニングの先駆的な一例は大学受験塾・予備校の東進（東進ハイスクール、東進衛星予備校）であろう。東進では当初から一部を除き対面授業は行わず、すべて映像授業を提供している。生徒は自分のレベルにあった映像授業を選び、自分のペースで視聴し、履修を進めることができる。場所はブースがある校舎でも自宅でもＰＣから視聴が可能であり、また、理解が不十分なところは何度でも視聴が可能であるし、消化不良にならないように次のステップに

行くための小テストも用意されている。いつでもどこでも自分の都合のよい時間や場所で授業を受けることができ、高校生が学校行事や部活動などとも両立しながら勉強を進めていくことが可能となる。

しかし、東進の最も大きな特徴は映像授業を行う講師陣の質の高さである。有名予備校には教え方がうまく、受験で結果を出してきた実力講師、カリスマ講師がいるが、その講師の授業を受けたいと思っても、時間割や定員の制約で取れないことも多い。その点、映像授業ではそれぞれの分野で最高の講師から授業を受けることが可能となる。前述の先生の質の問題をクリアすることができるのだ。

アダプティブ・ラーニングについても、既存の例としては学習塾・公文の例が挙げられる。たとえば、算数については、各学年ごとにかなり細かくレベル分けがされており、自分に合ったレベルから始めることができる。プリントで満点をとらないと次のステップには行けず、必然的に落ちこぼれは生まれない仕組みとなっている。教室では生徒がそれぞれの都合のよい時間にきて各自自分のレベルの課題に取り組んでいる。先生は、それぞれの生徒の進捗状況、レベルを正確に把握している。算数・数学、国語（漢字）、英語などの「積み上げ科目」の基礎力を徹底させるためには有効なやり方であり、また、優秀な生徒は学年を超えて勉強を進めていくことも可能となっている。

AI活用型アダプティブ・ラーニングはなぜ革命的なのか

それではAIを使ったアダプティブ・ラーニングによって何が新たに可能になるのであろうか。タブレットやPCで自分のペースで最高水準の映像授業を受けることができるし、理解度を測るテストを受けることができる。ここまではAIに頼らなくてもこれまでのeラーニングで可能であった部分である。理解度の確認を行うテストがあったとしてもこれまでは出来具合により次のステップに進めるかどうかを判定するだけであったが、AIを利用すれば、ある問題の解答の正否に応じて次に取り組むべき問題を的確に「予測」し、提供することができるのだ。

つまり、苦手分野があればそれを克服するための生徒一人一人のオーダーメイドの特訓メニューを作ってくれるのだ。プロのスポーツ選手には当たり前の専属コーチが生徒一人一人についているような夢のような環境が実現できるのである。得意不得意、出来不出来に応じてやるべき問題を適切に選んでくれることにより最高の効率で無駄のない勉強が可能となるのだ。

それでは、日本においてAIを使ったアダプティブ・ラーニングはどの程度、利用されているのであろうか。現在、提供されているAI教材は、算数・数学や英語といった単科型と複数科目に対応できる総合型がある。前者は、算数・数学に特化し、日本企業が世界初のAI教材を世に送り出した例がある。[1] タブレットに専用アプリをダウンロードし、生徒たちがそれぞれの理解度に応じて配信される算数や数学の問題に取り組み、効率的に学習することが可能なオンライン教材となっている。学校で習う一年分の範囲（約２００時間、授業１４０時間、塾・宿題60時間）を約32時間（約３か月）で終了が可能となっている。算数・数学の学習は、解答までのプロセスが重要で「紙と鉛筆」は欠かせないが、この教材ではタブレット上で手書き入力を行い、ＡＩが内容を認識したり、定規・コンパス・分度器を使った作図や関数のグラフ作成にも対応できることも大きなポイントとなっている。

また、単科ということであれば、英語へのＡＩ活用も重要だ。かつては、英語学習といえば、文法、読解のスキルを伸ばすのが中心であったが、大学受験にもリスニングが課せられるようになり、状況は大きく変わってきた。一方、書くことについては、それを丁寧に添削することが必要であり、実践的な会話を行ったり、発音を矯正するのはネイティブによる個人教授が必要であった。このため、学校では、書く、話すという取り組みは不十分にならざるを得なかった。しかし、ＡＩを活用すれば、英語の自然な会話のやりとりや発音の矯正を行ってくれる。[2] まさに、ＡＩ活用によるアダプティブ・ラーニングの真価が発揮されやすいところであろう。

その一方で、現在、小中高校や塾・予備校で急速に導入が広がっているのは、複数科目対応型である。その中で、小中高５教科のラインナップを備えているＡＩアダプティブ・ラーニング教材は公立校を含む学校で採用が急速に伸びている。[3] その広がりは、国内のみならず、海外の日本人学校や放課後の子どもの面倒をみるデイサービスにも及んでいる。小学校から高校までの国語、算数・数学、英語、理科、社会5教科の学習を、先生役のアニメーションキャラクターと一緒に、一人一人の理解度に合わせて進めることができる。レクチャー機能、ドリル機能、テスト機能により、一人一人の習熟度に応じて理解↓定着↓活用のサイクルを繰り返し、学習内容の定着をこの教材一つで実現でき、初めて学習する分野でも一人で学習を進めることができるのが大きな特徴である。

先生を介さなくても理解を確実にしながら新たな単元、分野を学習できる教材は、特に、コロナ危機になり、学校での対面の授業が難しくなったことでよりその真価を発揮している。利用者が2020年3月末（約7万人）から6月末（約11万人）で57％増というのがそれを如実に示している。[4]

一方、複数科目型ではあるが主に塾・予備校での採用が拡大しているAI活用アダプティブ・ラーニング教材もある。[5] 他のAIアダプティブ・ラーニング教材と同様、一人一人の理解度、学習履歴、ミスの傾向、集中度などにより生徒専用のカリキュラムを自動作成するが、大きなポイントは、塾・予備校と生徒との間を取り持つ機能も有していることである。具体的には、AIが生徒の集中度や進捗状況をリアルタイムで解析し、先生のタブレットへ送ることで、生徒一人一人の状況が「見える化」されるため、先生がいつどんな声掛けをすると効果的かという提案まで行うことができる。AIコーチと人間の先生が連携することでさらに寄り添う学習を可能にしているといえる。

■AI時代の先生の役割とは

こうしたAIを使ったアダプティブ・ラーニングは前述の対面授業の問題点をほとんどすべてクリアすることができるといえる。同じ履修内容でも落ちこぼれを生まないということでクラス全体の理解度を向上させるとともに、同じ履修内容でもAIを使ったアダプティブ・ラーニングの方がより短期間でマスターすることが期待できるようになる。

このように教科の学習が効率的に進められれば、課題発見・解決型の学習により多くの時間をかけることが可能になり、そうした学習を主導できるのは、AIではなく人間の先生であるといえる。また、先生からすれば、AIを活用すれば、生徒一人一人の進捗状況や理解度も客観的なデータとして詳細に把握することが可能となる。

そうなれば、先生はAIとは異なる観点から、アドバイスできるようになる。生徒の勉強面のみならず、性格や家庭環境も含めた総合的なアドバイスが可能になり、生徒との信頼関係をより深めることができるものと考えられる。履修内容の大局的な把握、そもそも、学ぶ意味や楽しさを教えるのも人間の先生の大きな役割であり、より力を汴ぐことができるようになる。

■AI活用型アダプティブ・ラーニングの課題

ＡＩによるアダプティブ・ラーニングはよいこと尽くめのようにみえるが、ＡＩが手取り足取りサポートしてくれるので、何を勉強すべきかなどなんでもＡＩ任せになり、生徒が自ら判断、考えて能動的に学習しなくなるのではという懸念を示す向きもある。確かに、自分が足りない点、苦手な点は何か、また、それを克服する方法を自分で工夫、試行錯誤しながら見つけ出すことも重要な人生経験であろう。しかし、一定期間で学習すべき範囲や内容が基本的に決まっている小中高の科目履修や受験勉強はなるべく効率的に行い、貴重な時間をより有効に使うべきだという考え方もできる。それができれば、別の分野や世界で自らを見つめ、その課題や改善すべき点を見つけ、自らを変革しながら成長するという体験を積む機会もより広がるかもしれない。

本節ではＡＩの活用について、アダプティブ・ラーニングに限って紹介したが、ＡＩを活用すれば生徒の出席の自動カウント、試験監督、採点なども可能になってきており、ともすれば過重労働になりやすい教師の負担を軽減することにもつながる。教師の勤務環境を改善しながら、人間でしかできない生徒への「寄り添い」がＡＩの活用で実現することを期待したい。

第2節　スポーツにおける「AIコーチ」

学校教育と並んで、指導、コーチングが欠かせないスポーツについて考えてみよう。スポーツへのAIの応用については、すでに多方面に及んでいるが、ここでは「AIコーチ」という視点に絞って実例をみていきたい。

フォームを解析し、アドバイスを行う「AIコーチ」

まず、どんな競技においても、選手の動作、フォームが決定的に重要になってくるわけだが、これまでみてきたように、動作をセンサーで感知したり、撮影映像の画像処理を行い、データ分析を行うことはAIのまさに得意分野である。

たとえば、ゴルフのスイングについて、センサーでデータを集めたり、撮影映像を画像処理することで、改善点や課題についてAIがコーチングすることが可能になっている。スマートフォンで撮影したゴルフスイングの動画をスポーツ映像解析AIが診断するアプリがそれだ。ユーザーがアップロードしたゴルフのスイング動画をAIが解析し、スイングの弱点やスイングタイプを診断するとともに、その結果をふまえ、パーソナライズされた修正ポイントと、レッスン動画による練習方法を提案してくれるのだ。[6]

また、ゴルフクラブのグリップエンドにいくつものセンサーを装着してプレイすると、スマートフォンアプリで自分のショットの飛距離などの情報を確認でき、スマホのGPSやマイクなどから収集された各種データを合わせて、ラウンドの詳しい記録を残したり、コース攻略のアドバイスをしてくれるアプリもある。[7]

ゴルフだけではなく、野球の投球についても、センサーを内蔵したボール、筋力、脈拍を測定可能なウェアラブル・デバイスや投球動画から収集されたデータ（球速、回転数、フォーム、筋力など）を分析解析し、投球パフォーマンスの診断、フォーム解析（全身65か所の骨格点を抽出）を行うことができるAIシステムもあり、同じシステムはサッカーなどの他の球技にも適用されている。[8]

さらに、シューズがAIコーチになるような商品もでてきている。[9] センサー対応のランニングシューズに専用センサーを装着すると、履いて走るだけで高度なセンシングとAI解析の力で足の動きがデータ化され、よりよい走り方についてコーチングを受けることが可能となる。具体的には、着地パターン、接地時間、スライド、ピッチ、着地衝撃といったデータを使って、ダイナミックな動き、効率のよい動き、負担の小さい動きといった3つの視点から、コーチングやトレーニングのアドバイスが可能になるというものだ。

AI自動採点システムで判定の透明性・公平性が高まる体操競技

スポーツの技、フォームといえば、体操競技が挙げられる。ここでは選手への直接のコーチングという役割ではないが、「技の完成度（出来栄え）」を数値化することで、体操競技の審判員の判定をアシストする3Dセンシング／AI自動採点システムを紹介したい[10]。まず、現在の体操採点方法は、審判員が演技を見ながら、次々に繰り広げられる技を目視で判定して採点表に記入、演技終了後に採点を集計するという方法がとられている。しかし、体操競技では選手の技術レベルの向上は著しく、いろいろな選手が難易度の高い技を繰り出すようになっている。極端な場合、大会当日に新しい技が披露される場合もあり、経験を重ねた審判員であっても目視で瞬時に判定することが難しく、迷うケースも多いといわれている。できるだけ客観的な採点を行うことで誤審をなくし、判定への透明性・公平性・納得感を高めていくことが急務になっている。

3Dセンシング／AI自動採点システムは、会場の4か所に備えつけられた独自の3Dレーザーセンサーが選手をとらえて、1秒当たり200万回の3次元データを取得することができる。選手の18か所の関節の角度や動きをとらえた3Dデータは、骨格認識ソフトや「技の辞書」（技の動きのデータベース）と高速でマッチングする「3Dセンシング技術」によって、瞬時にCGデータで再現され、技の認識が可能となっている。すでにこの技術は国際体操連盟において採用が決定されており、国際試合の一部種目に導入されている。

この技術の核心は「技の辞書」をどう構築するかである。男子では体操教本に８０７の技が書かれており、それを分解すると３４６の基本動作の組み合わせになるという。このため、３４６の技の辞書化が進められてきたが、センサーが取得したデータをＣＧ化したものを審判や選手が見てずれがないかを確認する作業や、審判が演技を見る際のポイントになるように暗黙知を取り込むなど現場に密着したかなり地道な作業を行っている。このようなシステムは単に審判員のサポートのみならず、観客が技の内容や素晴らしさを理解し、実感するという意味でも有意義な取り組みといえよう。

■対戦型スポーツで試合の流れを変えるＡＩ活用型データ分析

一方、テニス、サッカーなどの対戦型スポーツは、個人の動作やフォームといった自分のスキルを磨くこともさることながら、対戦相手の戦術を分析し、それに対応した自らの戦術を組み立てていくことが重要だ。対戦相手の過去の試合データの分析を行うことはＡＩが活用される以前からも行われてきた。特に、野球などは割と古くからデータ分析が行われてきたスポーツといえる。[i]

しかし、ＡＩを使えば、進行中の試合のデータを使いながら、リアルタイムで戦略を練り、実行することが可能となってくる。たとえば、テニスの場合、試合中の、コート内外からの指導やアドバイスは一切認められていなかったが、２００９年から、女子のツアー公式戦（グランドスラムを除く）では、1セットに1回だけ、コーチをコート上に呼び、アドバイスを受けられるようになった（オンコートコーチング）。実際、コーチがタブレットを見せながら、試合状況の分析を示し、問題点・課題とその対処について的確なアドバイスをすることが可能となっている。それまで劣勢であったとしてもアドバイスで戦術を修正し、大きく試合の流れが変わる場合もあるようだ。これは選手だけでなく観客サイドからみても観戦の魅力、醍醐味を高める要素になるであろう。

第3節 棋士の棋力を高め、将棋ブームをけん引する将棋AI

次に、第1章でもみたように、AIとの相性のよいゲーム、特に、将棋におけるAIコーチの役割を考えてみたい。将棋、囲碁、チェスといったゲームは、ゲーム理論の言葉でいえば、二人零和有限確定完全情報ゲームと呼ばれる。つまり、(1)プレイヤーの数が二人、(2)プレイヤーの利害が完全に対立（一方の有利は他方の不利となる＝両者の利得の和は常にゼロ）、(3)必ず有限の手番で終わる、(4)ランダムな要素が発生しない（確定）、(5)すべての情報が両方のプレイヤーに公開されている、という特徴を持つ。

i　データを駆使した「ＩＤ野球」が代名詞であった故・野村克也氏、映画化されたマイケル・ルイス著『マネーボール』の主人公のビリー・ビーン氏など。

特に、情報が完全で不確実性がない世界はＡＩが活用されやすい世界といえる。気の遠くなるくらい膨大な指し手の組み合わせはあるが有限である。その場その場の状況でどの手が最も有利かをその後の展開も考慮してしらみつぶしに調べて予測するという作業はＡＩの最も得意とするところだ。

将棋において将棋ＡＩ（ＡＩが組み込まれたコンピューター将棋、将棋ソフト）と人間どちらが強いか。すでに将棋ＡＩが人間を凌駕していると考えるのが妥当であろう。その象徴的な事件が２０１７年「叡王戦」の優勝者の佐藤天彦名人（当時）がコンピューター将棋大会の優勝ソフトであるＰｏｎａｎｚａと対決し、名人の二連敗となったことである。当時、将棋よりも複雑な囲碁の世界でもＡＩがトッププロを打ち負かしたこともあり、このとき、将棋ＡＩが将棋棋士の実力を完全に上回ったという評価が定着した。先入観や感情のバイアスを持たないところが人間と比較しての強さとも言われている。しかし、将棋ＡＩが人間を凌駕したことで将棋への興味は失われ、すたれてしまったか。むしろ現実は逆であり、大変な将棋ブームが到来している。

その一翼を担っているのが、藤井聡太八段の大活躍であろう。史上最年少プロ入り（14歳2か月）、公式戦最多連勝記録（29連勝）、史上最年少初タイトル獲得（棋聖、17歳11か月）、最年少二冠獲得（棋聖・王位、18歳1か月）、最年少八段昇段（18歳1か月）など記録づくめである。藤井聡太八段の異次元の強さが将棋界に旋風を巻き起こしているわけだが、藤井氏の場合、若い棋士にありがちな粗削りなところがなく完成されているという評がよく聞かれる。そんな強さの要因の一つに将棋ＡＩがありそうだ。

現代の将棋には、進化する将棋ＡＩが棋士にとっても欠かせない存在になっている。将棋ＡＩで常に研究しているのは藤井氏も例外ではない。将棋ＡＩではさまざまな手の有効性を検証することができるので、１人で練習しているのにまるで師匠がいつもそばにいてアドバイスしてくれているかのような密度の濃い練習が可能になっている。将棋ＡＩはこれまでのプロの棋士の対戦棋譜（教師あり学習）から学ぶだけでなく、自己対戦で学習（強化学習）も可能になっている。このため、かつての棋士の手を再現するだけでなく、これまで人間の棋士では思いつかないような先例にとらわれない指し手もあみだすようになっている。また、１００年以上前にはよく指されていたが使われなくなった手が将棋ＡＩで見直されるような「温故知新」も増えているとの指摘もある。[11]

このため、過去の棋譜から学ぶ以上のことが将棋ＡＩから学べるし、それを実際の対局で使用する棋士も増えてきている。将棋ＡＩは棋力を高めるツールという考え方がすでに浸透しているといっても過言ではない。最初は人間の棋士の棋譜から学んだ将棋ＡＩに今度は人間の棋士が学ぶという逆転現象が起きているのだ。若手の中にはもう過去の棋士の棋譜や人間との対局で練習はしないと言い切っている棋士もいるほどだ。通常では実戦である対局を重ねながら経験値を高めていくプロセスが将棋ＡＩとの対戦や学びで大幅に短縮させることが可能となっている。これが藤井氏の快進撃、飛躍的な成長のカギの一つであろう。

また、ＡＩで学び強くなった藤井氏がＡＩを超える手を初タイトルを勝ち取った棋聖戦第2局で繰り出したことも話題となった。58手の「３一銀」という手は意外な手として受け止められたが、世界コンピューター将棋選手権で優勝した将棋ソフト「水匠2」では「この手は4億手読ませた段階では5番手にも上がらないが、6億手を読ませると突如最善手として現れる手であった」とそのソフトの開発者が証言している。[ii][12] ＡＩコーチで学んで比類なき成長を続ける棋士がＡＩを超えるような頭脳のきらめき、ひらめき、すごさを示すことができるよい例であろう。

このように将棋の世界におけるＡＩと人間の関係は他の分野の将来を考える上でも大変示唆に富んでいる。ＡＩがたとえ人間を超えたとしても人間の役割がなくなるわけではないし、人間への興味がなくなるわけではない。たとえば、陸上の１００ｍ競争、マラソンも機械と人間が勝負すれば機械が勝つことは明らかだ。しかし、こうした競技に我々が熱狂するのは、人間の限界にどこまでも挑戦する選手の姿、人間と人間の熱い戦いを素晴らしいと感じるからだ。これは将棋も同様であり、棋士たちの人間味溢れる真剣勝負をファンがかたずをのんで見守り、声援を送る構図は変わらないであろう。むしろ、ＡＩコーチとの協業でこれまでの常識を打ち破るような強い棋士が登場する楽しみもあるし、将棋ＡＩが棋戦の戦況を数値で評価したり、最善手を提示し棋士の一手と比較したり、答え合わせをすることで観戦の魅力を高めている効果も大きい。まさに、将棋はＡＩと人間が共存できる可能性をはっきり示してくれている例であろう。

第4節 ビジネスの現場で活躍する「AIコーチ」

コールセンター業務を支える「AIコーチ」

これまで学校教育、スポーツ、将棋における「AIコーチ」の例についてみてきたが、ここではビジネスの現場での「AIコーチ」の活用事例についてみてみたい。まず、取り上げるのはコールセンター業務である。コールセンターでは顧客からのさまざまな問い合わせや質問などに的確に答える必要がある。そのための十分な商品知識などが必要になってくるが、業界によっては、商品・サービスの内容が多岐かつ複雑であるような場合、一人前になるにはかなりの年数の経験が必要とされる場合もある。

そのような典型例が保険業界であろう。ここでは、ある損保会社のコールセンター業務へのAI活用例をみてみよう。[13] 電話オペレーターは保険契約に関する相談、交通事故の手続きといった顧客

ii 6億手「先」まで読んだという意味ではなく、28手先までの計算に当たる。つまり、27手先まで読んでも候補にならなかったが28手先まで読むと最善手であることが判明したという意味である。

からの問い合わせのほかに、全国の保険代理店からの各種問い合わせにも対応する必要があった。重ねて、扱う保険商品の数は多岐にわたるため一人前のオペレーターになるには多くの経験を要していた。もちろん、対応マニュアルの作成、定期的な研修、ＦＡＱの検索業務システムの活用などを行っていたが、対応品質のばらつきがあり、対応品質の標準化やスムーズな応対に課題を残していた。

こうした中、この会社ではコールセンターのオペレーターとして、ＡＩを活用して支援するシステムを導入した。[14] このシステムは、顧客とオペレーターとの通話内容をＡＩによる音声認識技術でテキスト化し、そのテキストデータに基づいて、オペレーターが使用するＰＣ上にリアルタイムで最適な回答候補を提示することができる。つまり、顧客の質問に応じてＱ＆Ａ候補が提示されるのである。このため、オペレーターはたとえ回答に要する知識が足りない場合でも、Ｑ＆Ａ候補を見ながら回答することが可能になる。知識がないことを聞かれてその場で調べていたり、他の担当者に聞いたり、回したりすると時間的なロスは計り知れない。傍にベテランのオペレーターが付いていてすぐにその場でなんでも教えてくれるのがこのＡＩコーチのイメージである。導入後はＡＩの学習が進み、音声認識精度は当初の80％台から95％に近づくと同時に、質問に対する回答候補の表示精度も80％を超える成果が得られている。

当初はオペレーターがＱ＆Ａ候補を提示してほしい発言を選ぶ必要があったが、オペレーターがそのような選択を行わなくても会話の中でどの発言が重要なポイントであるかをＡＩが判断して自動で把握し、その回答候補をオペレーターに表示することも可能になってきている。また、Ｑ＆Ａのデータベースにない質問に対しても文章の構造を自動的に認識する技術を用いて、パンフレットや契約のしおりなどの既存文書から知識を獲得し、回答文を作成するという取り組みも含めて検証が行われている。さらに、最近では、担当のオペレーターにつなぐまでの時間短縮のため、顧客の用件をＡＩが音声認識によって、理解し、自動音声で対応したり、最適なオペレーターにつなぐ音声認識自動応答システムも導入されている。

新人に寄り添うＡＩコーチ

従業員に対するコーチングの必要性を考える場合、その必要性が高いのは、やはり、経験年数の短い若手社員であろう。特に、新人の場合、入社後のフォローアップが十分でないと、孤立化したり、メンタルの不調や最悪の場合、早期離職につながりかねない。人手不足で若手社員の教育係やメンターを十分配置することも難しいケースも増えている。こうした若手社員のメンタルケア、メンタル強化を目的としたＡＩコーチ[15]を導入する企業も増えている。具体的には、目標設定・アクションプラン設計を初めに行った上で、日々の行動項目達成や週ごとの振り返りに対し、ＡＩコーチが自動で寄り添い共感する会話をしたり、具体的な知識とアドバイスや適切なリマインドを自動的に行う仕組みとなっている。

若手社員にとっては組織の中で自分の位置付けができておらず、なにか仕事をやり切ったという大きな達成感がまだできていない段階では漫然とした不安に陥りやすい。その際、定期的に自分ができていること、できていないことを客観的に振り返ることが重要だ。一方、そうした振り返りを行うインセンティブを持つためには、それに対してのなんらかのフィードバック、アドバイスが得られることが前提となってくる。それを職場の上司がきめ細かく行うことは大きな負担が伴い、望ましくても現実には不可能であろう。

「ウィズ・コロナの時代」にあっては新人もリモートワークが強いられ、孤独感を感じ、メンタル不調に悩むケースはむしろより多くなっている状況だ。相手がＡＩだとしても自分に寄り添うコーチがいることにより若手社員のメンタルを支える効果は大きいであろう。また、フォローをＡＩコーチに任せっぱなしにするのではなく、人事部やコーチング資格を有するコーチも一対一でサポートしながら、若手のフォローアップを行っていることもＡＩと人間が補完的に役割分担を行う環境が確保されていると評価できよう。

学校教育、スポーツ、将棋、ビジネスの現場に例をとり、ＡＩコーチの活躍を紹介してきた。いずれも通常では大変コストのかかる個人専属の家庭教師、コーチがいつもそばにいてアドバイスしてくれる夢のような環境が現実になってきていることをみてきた。ここでは触れなかったが音楽の世界でもＡＩコーチが実現されている。いつでも、どこでも自分に寄り添ってくれるＡＩコーチは我々の時間の使い方という面でも大きな革新を起こしている。「三密」にならずにコーチングが受けられることもまさにウィズ・コロナの時代にマッチした頼りがいのある存在として評価できよう。

第３章のまとめ

・ＡＩは我々の雇用を奪う存在というよりも、むしろ、我々のスキルを伸ばしてくれる指導者としての存在、つまり、「ＡＩコーチ」の側面が強調されるべきである。
・学校教育における従来の授業は理解度の異なる生徒に対し同じ教室で一律的に同じ内容を教えていたため、理解度の進んでいる生徒、理解度が遅れている生徒それぞれに対して必要な対応をとることが難しかった。
・この中で、ＡＩ活用型アダプティブ・ラーニングが「ＡＩコーチ」となって個々の生徒の理解度に沿って勉強メニューを与えることで、どの生徒も自分のペースで確実に理解度を高めていくことが可能になってくるなど学校教育に革命的な変化を及ぼしつつある。

・スポーツの分野でも、⑴センサー、カメラで得られたデータ、画像を解析し、選手の動作・フォームについてアドバイスを行ったり、⑵体操競技の技の出来栄えを自動採点したり、さらには、⑶対戦型のスポーツでデータ解析を行い、試合中に適切なアドバイスを行うことを可能にするなど、「ＡＩコーチ」が多面的な活躍をみせている。

・将棋の分野では、すでに将棋ＡＩが棋士を凌駕しているが、棋士が「ＡＩコーチ」である将棋ＡＩから学ぶことで若くして従来の常識を破るような活躍をみせる棋士を誕生させるなど、ＡＩが棋士の棋力を高め、また、それが将棋観戦の魅力向上にもつながっている。

・ビジネスの分野においても、⑴一人前のオペレーターになるために経験年数を要していたコールセンター業務、⑵新人のメンタル面を含めたコーチング、などで「ＡＩコーチ」が活用されている。

第4章

AIで企業戦略・ビジネスが変わる

──「パーソナライゼーション」と「ダイナミック・プライシング」の衝撃

本章では、経済に関連する分野についてＡＩの活用をみてみよう。この分野におけるＡＩの一番大きなインパクトは、売り手と買い手の間の経済取引であるところのビジネスのあり方、企業戦略を本質的に変えてしまう可能性があることであろう。なぜ、ＡＩによってビジネスのあり方が根本的に変わることが予感されるのか。それは、これまでも強調してきたＡＩが持つ予測能力である。第1章で分類した「データ解析型ＡＩ」がまさに活用される場面である。

たとえば、顧客のさまざまな属性、嗜好などのビッグデータが入手できれば、それぞれの個人がどのような商品・サービスを選好、評価しているか（他の顧客よりも高い対価を払ってもよいと考えているか）がかなりの正確さで予測できるようになる。すでに、行動ターゲティングやターゲティング広告と呼ばれているが、オンライン・マーケットでは顧客への宣伝にそのような手法が用いられていることは承知の通りだ。アマゾンにおける「あなたにおすすめの商品」はその一例である。このような個々の顧客へのターゲティングが可能になってきたことを「パーソナライゼーション」と呼び、それは企業の販売やマーケティング戦略の大転換をもたらしつつあると考えられる。

また、個々の顧客が特定の商品・サービスに払ってもよいと考える金額は時の経過とともに変化していく。そうした変化に対応して価格付けを行う「ダイナミック・プライシング」もＡＩの活用によって可能になってきた。本章では、こうした「パーソナライゼーション」、「ダイナミック・プライシング」の本質的な意味合いを探るため、ミクロ経済学の基礎の基礎から説き起こして論じてみたい。

第1節 経済取引（売買）による利益とは何か——価格差別戦略の重要性

経済活動のうち、最も基本的な活動は、商品・サービスの売買である。なぜ、このような取引が行われるか、それによって売り手、買い手双方にどのような利益、メリットが生じるか、あまりにも当たり前すぎて案外、正確な理解がされていないことが多い。たとえば、買い手が必要とする、欲する商品・サービスを得ることでメリットが得られているし、売り手はそれを提供していることでもうけを生むというメリットを享受していると考えるのが普通であろう。

しかし、ミクロ経済学では、経済的取引の利益について、より具体的に考えている。たとえば、自動車を販売店に行って、購入する場合を考えてみよう。ある車のモデルについて、ある買い手は

２１０万円まで出してもよいと考えているとする。一方、ディーラーは、安くても１９０万円では売りたいと考えているとしよう。このような場合、車の価格がたとえば、２００万円に設定されれば、ディーラーは喜んで売り、また、買い手は喜んで買うであろう。なぜなら、買い手は２１０万円払う用意があったのに価格が２００万円となり、10万円「得した気分」になり、ディーラーも１９０万円で売れればよいと思っていたところ、２００万円で売れ、同じく10万円「得した気分」になることができる。

つまり、売買が成立するためには売り手と買い手双方が「得した気分」になることが重要だ。一方、買い手が買ってもいいと思っている価格が１９０万円であり、ディーラーが売ってもいいと思っている価格が２１０万円の場合、売買は成立しない。なぜなら、どのような金額に価格を設定しても双方とも「得した気分」になることはできないからだ。

したがって、経済取引が行われるにはそれに関与する売り手買い手双方が「得した気分」になる必要がある。この例でいえば、買い手にとっての２１０万円という金額は、その商品に対して「払ってもよいと考える金額の上限値[i]」であり、また、売り手にとっても１９０万という金額はその商品を「売ってもよいと考える金額の下限値[i]」であることを考慮すると、「払ってもよいと考える金額の上限値」が「売ってもよいと考える金額の下限値」よりも大きくなることが取引成立の条件となる。「取引によって生まれる潜在的な利得」＝「払ってもよいと考える金額の上限値」から「売って

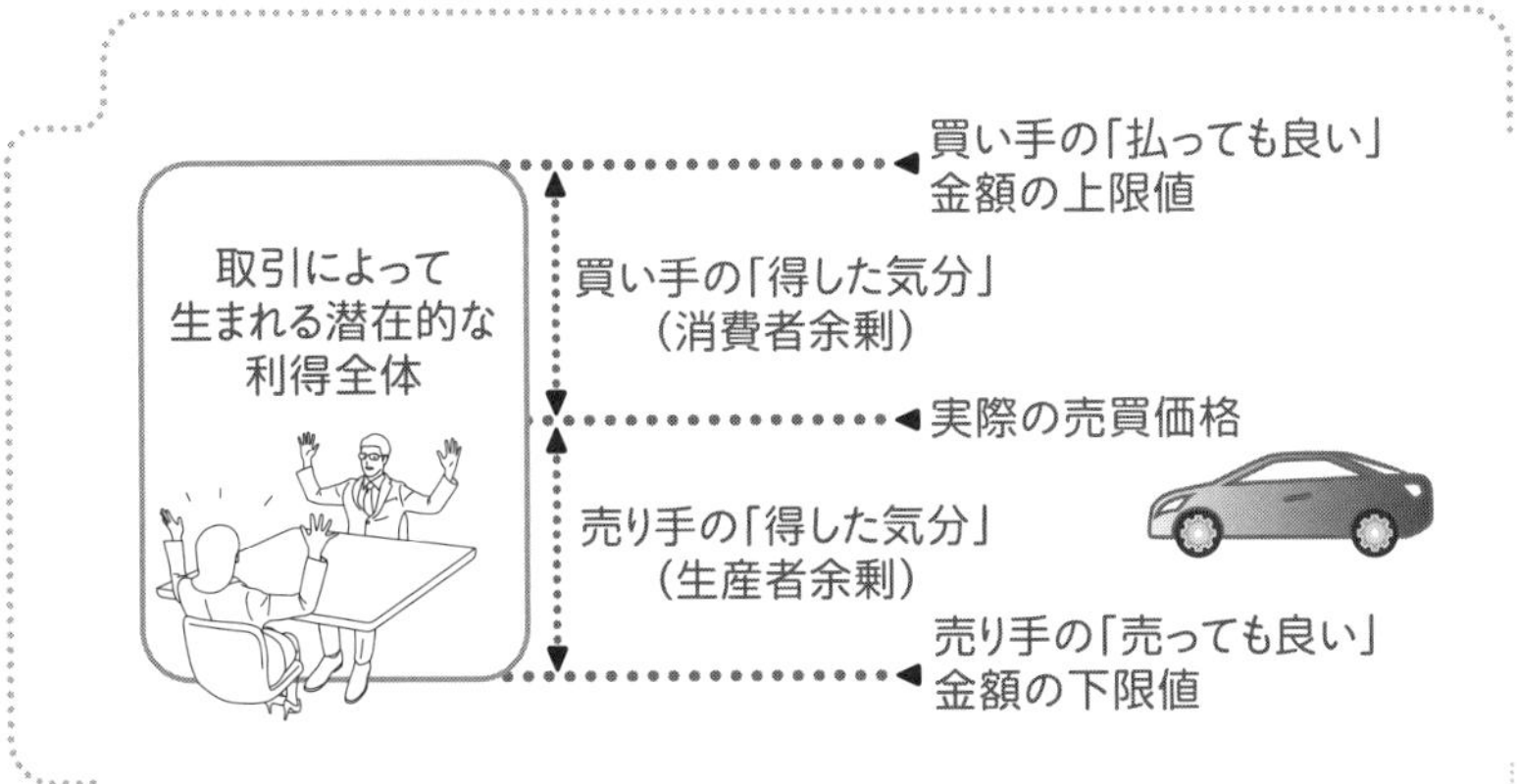

図4「得した気分」（余剰）の概念

もよいと考える金額の下限値」を差し引いたもの、と定義すると、「取引によって生まれる潜在的な利得」がプラスでなければ売買取引が行われないということができる。

整理すると、以下が成り立つ（図4）：

・取引が行われる条件：「取引によって生まれる潜在的な利得」＝買い手の「払ってもよい金額の上限値」－売り手の「売ってもよい金額の下限値」＞0
・買い手の「得した気分」＝買い手の「払ってもよい金額の上限値」－実際の売買価格[ii]
・売り手の「得した気分」＝実際の売買価格－売り手の「売ってもよい金額の下限値[ii]」

i 経済学では、それぞれ、買い手、売り手の「留保価格」と呼ばれている。
ii 経済学では、それぞれ、消費者余剰、生産者余剰と呼ばれるものである。

・「取引によって生まれる潜在的な利得全体」＝買い手の「得した気分」（取り分）＋売り手の「得した気分」（取り分）[iii]

このため、売り手ができるだけ自分の利益＝「取り分」＝「得した気分」を高めるためには、買い手の「払ってもよい金額の上限値」を正確に把握し、それよりもわずかに低い価格を設定すればよいと考えられる。しかし、売り手が買い手の「払ってもよい金額の上限値」を正確に把握することは現実には容易なことではない。

価格差別戦略

先述の例では、売り手、買い手が一対一で一つの商品を購入する場合を考えた。しかし、現実は買い手が複数いる、また、買い手が一人でも複数購入する場合が普通だ。買い手や購入数量が変わってくる場合、それぞれのケースについて「払ってもよいと考える金額の上限値」を正確に把握することはさらに困難になることは容易に想像できよう。

このため、特定の商品・サービスの価格は単一で設定されることが通常だ。しかし、単一価格の場合、競争相手がおらず、利潤を最大化させるように自由に価格設定ができる独占企業でさえも、取引で潜在的に生まれる利得を全部自分の「取り分」に引き寄せることはできない。なぜなら、それよりも高い価格でも購入できる人にも低い価格で売ってしまっている一方、もっと価格が低ければ購入したい人はその機会を奪われているからだ。

こうした状況を改善するために、企業が行っている価格戦略は、同じ商品・サービスでも購入数量や買い手に応じて価格を変える価格差別である。消費者の選好・嗜好といったタイプが同じ場合は、購入数量に応じて段階的に割引を行うような価格差別、消費者のタイプが異なる場合は、そのグループ、セグメントに分けて、異なる価格付けを行うという価格差別などが挙げられる。また、消費者がいくつかのタイプに分かれることやその割合などはわかったとしても、個々の消費者がどのタイプに属するかは判断できない場合は、いくつかのオプション、メニューを提示し、消費者に選択させるような手法が取られる。たとえば、後から手続きをして払い戻しを受けるようなリベートや提示すればその場で安く購入できるクーポンも価格差別の一種である。

このように価格差別を行うことで、企業は、単一価格の場合よりも企業の「取り分」をより多くすることを狙いとしている。もちろん、価格差別は異なる価格付けされた市場間で裁定取引（ある市場で安い価格で売られていた商品を別の市場で高い価格で売り利ザヤを稼ぐこと）が行われない

iii ここではあくまで一対一、一つの商品・サービスの取引を考えており、一般的な需要曲線、供給曲線で考える場合は、売り手と買い手とがともに属さない「死荷重」が発生する場合がある。

ことが前提になっていることには注意が必要だ。また、現実に行われている価格差別の多くは買い手の「払ってもよいと考える金額の上限値」を十分把握できていることを前提にしているわけではない。買い手に関するそうした情報が不完全であることを前提に価格差別のやり方を工夫しているといえる。

このように考えてみると、企業がもし、買い手や購入数量によって異なる「払ってもよいと考える金額の上限値」を完全に把握でき、買い手や購入数量に応じて、価格を「払ってもよいと考える金額の上限値」と等しく設定することができれば、これは究極の価格差別戦略となるといえる。なぜなら、「取引によって生まれる潜在的な利得」をすべて売り手である企業の「取り分」にすることができるためだ。しかし、これまでも強調してきたように、買い手のこうした情報を売り手が正確に把握することが難しいという情報の非対称性、不完全性の問題でこのような価格差別は現実には不可能と長らく認識されてきた。

したがって、企業は、個々の消費者の選好・嗜好をきめ細かく知ることができれば、企業の「取り分」を理論的な最大値に近づけることは十分可能になる。ここでは商品が同質な場合の価格戦略を考えたわけであるが、商品の内容・質を消費者の選好・嗜好に合わせて提供するような戦略の場合も同様な議論が展開できる。カギを握るのはまさに個々の消費者に関する情報であるのだ。

ICT革命以前の大量生産・大量販売戦略

個々の消費者の情報を企業が入手・利用できるかどうかは、もちろん、ICTやAIが活用できる以前、以降では大きく異なることは容易に想像できよう。インターネットが登場する前、ICT革命以前の80年代では、平均的な一般大衆が最も欲する、いわば最大公約数的な財・サービスを提供するというのがビジネスの王道であった。個々の消費者の嗜好などを把握し、それに応じた商品・サービスを提供することが難しかったからにほかならない。

一般大衆に幅広く受け入れられる商品・サービスを考案し、できるだけ安い価格で大量供給することが特に大企業の戦略として求められたといえる。重要なのは規模の経済を徹底的に利用することで、その意味でも、多種の商品・サービスを生産するのではなく、最もポピュラーなものに絞り込むことが重要であった。そのため、宣伝、マーケティングは、テレビのコマーシャル、新聞といったできるだけ多くの大衆の目に触れる媒体で集中して行うことが有効であったといえる。たとえば、高度成長時代の大衆車[iv]を思い浮かべることができるであろう。

しかし、こうした戦略の企業側からみた問題点は、これまで説明したように、経済取引（売買）によって潜在的に生まれる利得の多くが消費者の取り分になってしまうことである。企業の戦略か

iv トヨタのカローラ、日産のサニーなど。

らすればいかに消費者の「取り分」を企業の「取り分」に振り替えるか、言い方を換えれば、もっと対価を払ってもよいと考える消費者に対して異なる内容・質や価格の商品・サービスを提供できれば、企業の収益は大きく高まることになる。

また、時代の変化に従って、消費者の選好・嗜好も多様化してきているといえる。80年代までの昭和の時代では「1億総○○社会」といわれることが多く、他人と同調する、同じ商品・サービスを消費することから満足を得るという傾向も強かったと思われる。個々の消費者の選好・嗜好が多様化すれば、1点集中型の大量生産・販売方式はあまり通用しなくなってきているといえる。

その一方で、90年代以降、ＩＣＴの発展、さらには、ＡＩの発達、活用により、潜在的な顧客も含めて、個々の消費者の購入履歴などの大量のデータ分析により、買い手の需要や選好に見合った商品・サービスの提案が可能になってきたといえる。売買による利得をすべて取り込むような差別化された価格付けも現実に可能になり、これまでのミクロ経済学の「常識」が覆されることが起き始めているといえるのだ。

このように、従来型のビジネスモデルは多くの大衆が求めるような標準的な商品・サービスを同一価格で供給するというビジネスモデルであった。今後は個々の消費者の選好・嗜好に合わせて完全に差別化された多様な商品・サービスを提供するビジネスのプレゼンスが高まる方向へと進むであろう。こうしたビジネスの根本的な変化を本書では「パーソナライゼーション」（個別化）と呼ぶことにしよう。

第2節 「パーソナライゼーション」が有効な分野・産業――教育、医療、金融

「パーソナライゼーション」は大きな潮流であり、あらゆる分野・産業に影響を与えつつあり、特に章の冒頭に紹介した小売業は「パーソナライゼーション」が有効な分野と考えられる。本節ではそれ以外に有効な分野・産業について考えてみたい。本来ならば個人のニーズはかなり異なるにもかかわらず、同質的な商品・サービスの提供が行われてきた。しかし、個別化（パーソナライズ）されたサービスの提供が可能になることで需要の増大が期待できる分野・産業である。ここでは、教育、医療、金融の3つの分野についてみてみよう。

教育分野における「パーソナライゼーション」

教育については、第3章で「ＡＩコーチ」という観点から詳述した。ＡＩ活用型アダプティブ・ラーニングは「パーソナライゼーション」の典型例と考えればわかりやすいであろう。これまでであれば大変コストのかかる生徒の事情に応じた個別教育が可能になることで、そうした個別教育プログ

ラムの開発、実施などを行う職務や企業が今後さらに増加し、学校教育においてもこうした企業とのコラボレーションがますます重要になることは間違いない。市場規模を考えても大きな産業に発展する可能性があるだろう。大教室に生徒を集め、同じ時間、同じ場所で画一的な授業を行うことは意味がなくなり、生徒はそれぞれの事情、進捗水準に合わせて最適な教育プログラムが適用されて個人個人がビデオなどを通じて学んでいくことが当たり前になるなど、「パーソナライゼーション」が他の産業に先んじて急速に進展すると予想される。

その一方で、「パーソナライゼーション」が徹底的に進めば、教育において「パーソナライゼーション」が及ばない、または、有効ではない分野は何かということもより明確になってくると考えられる。生徒が同じ場所に集まって、同じ体験、経験をすることでむしろ学力以外のスキル、たとえば、非認知能力、性格スキルと呼ばれるスキルを鍛えていく教育を考えることもＡＩ時代における今後の教育産業の課題となるであろう。

医療分野における「パーソナライゼーション」

教育が人間の認知・非認知スキル向上に関して「パーソナライゼーション」を推進する分野であるとすれば、医療は人間の肉体的・精神的健康向上に関して「パーソナライゼーション」推進する分野と考えられる。教育と並んで「パーソナライゼーション」の効果が大きく期待できる分野である。

以下では仮想的未来の姿を大胆に想像してみよう。個人の生まれながらに持つDNA情報、ウェアラブルセンサーなどによる日常の健康状態、栄養摂取状況の把握、病気・けがやその治療の履歴といったデータが一元的に管理され、AIにより解析がなされれば、個々の患者に対して最適な治療や予防措置を提供することが可能になり、医療においても教育と同様の抜本的な革命が起こる可能性が高いであろう。

こうしたAI活用を取り入れた一元的な取り組みを行う主体はどこかということが大きな課題となるわけであるが、一つは今後、日本の医療の改革にどうしても必要な「かかりつけ医」が「パーソナライゼーション」の起点となりうるであろう。また、企業の従業員であれば、その健康保険組合にとって従業員の健康に関わる多種多様なデータを管理、活用していくインセンティブは強いであろう。個人の健康状態などの一元的なデータ管理はプライバシーの問題もあり容易ではないことは留意すべきであろうが、大きな可能性が広がっている分野であることも忘れるべきではない。

■「パーソナライゼーション」をさらに進める金融分野

「パーソナライゼーション」が特に有効な産業分野として最後に金融業を取り上げてみたい。金融業は、銀行・証券・保険の種類にかかわらず、元々、「パーソナライゼーション」が適用されてきた産業分野だといえる。金融業の提供するサービスの価格は、銀行の貸し出し金利や保険会社の保険料も顧客のリスクに応じて異なる、つまり、価格差別を行うことが通例である産業であった。

金融業ではリスク分析のためのデータやそれに付随したICTの活用も他の産業よりも先んじて行われてきたため、AIも活用されやすい環境にあったといえる。「フィンテック」と呼ばれる取り組みをみてもAIの活用例は多岐に及んでいる。こうした金融業においても、まさにICTの活用で新規参入企業が増え、競争が激化する中で他の産業同様、ライバルと内容・質や価格で差別化することが難しくなってきている。このように、標準化された金融商品・サービスでは収益を稼ぐことはかなり以前から厳しいといえるだろう。

このため、顧客が企業や個人にかかわらず、個々のニーズや状況に応じたきめ細かくかつ総合的な金融サービスを提供できるかがカギと言われ続けてきたが、それに対しては、AIを活用した「パーソナライゼーション」をどこまで展開できるかが金融業の今後の盛衰を決めるポイントとなりそうだ。

たとえば、銀行の企業との関係をみても、従来の貸し出し中心から総合的な金融サービスの提供という関係がより求められるようになってきて久しい。そうした中でどのような金融サービスがより重要であるかは企業によって相当異なるため、金融サービスの「パーソナライゼーション」がこれまで以上に重要になるであろう。また、個人においても、各個人の環境（家族構成、健康状態）、嗜好（リスク回避度など）に合わせて、住宅ローンなどの借り入れ、生命・医療保険、資産運用などへの総合的・一体的なアドバイスとサービス提供などへのニーズは高まっており、ＡＩの積極的な活用が期待できる。

第3節 ダイナミック・プライシング——AI活用型価格差別戦略の本質と具体例

本節では、価格戦略に着目し、ＡＩの活用として、特に、ダイナミック・プライシングに絞って検討してみたい。商品・サービスについて消費者が払ってもよいと考える金額（留保価格）は、個々の消費者によっても変わってくるし（クロス・セクションの軸）、時間の経過（タイム・シリーズの軸）によっても変わってくる。個々の消費者によって異なる価格付けを行う手法は、ここでは、パーソナライズド・プライシング（personalized pricing：個別化された価格付け）、時間の経過によって変わる需要に応じて異なる価格付けを行う手法をダイナミック・プライシング（dynamic pricing）と呼んで区別することにしよう。

個別化された価格付けとは、顧客のさまざまな属性を用いて個別に価格差別を行うわけであるが、これまでも、保険や消費者金融では顧客情報に基づき、同じ商品を異なる顧客に異なる価格で売ることが行われてきたことは前述の通りである。

一方、ＩＣＴ、デジタル化、ＡＩの発達・活用により、顧客情報、郵便番号、生年月日、学歴、所得、過去の支出パターン、ソーシャル・メディアでの活動などの情報を利用することで、個々の消費者が「払ってもよいと考える金額」をＡＩで予測し、異なる価格を提供することは、より容易になってきている。特に、ＥＣ（電子取引）やオンライン販売の世界ではこのような個別顧客の情報の入手・蓄積・活用はより容易であり、実際、こうした手法はかなり活用されている。[v] また、顧客ごとに割引率を変えるようなテーラーメイドのクーポンもこうした価格差別の特別な例といえる。

一方、ダイナミック・プライシングは、市場状況、特に、需要動向に応じて価格を時間軸に沿って変化させる手法である。たとえば、需要が集中する季節・時期は価格を割高にする一方、需要が減少する季節・時期は割安にすることがある。同じ商品・サービスでも時間によって価格が異なるということは身近な例でもいくつか挙げられる。たとえば、ゴールデンウィーク、お盆、年末年始の繁忙期は航空運賃、宿泊施設、ゴルフ・プレーの料金が大幅に上がるのが通例であり、すでに我々のなじみのある料金体系である。

また、スーパーでのお惣菜コーナーでは、夕方、閉店時間間際になると値引きシールが張られ、安売りが行われる。消費期限があるため、売れ残っても翌日売ることができないためだ。また、時間帯によっても需要が変わる商品・サービスとしては電気が挙げられるが、電気料金へのダイナミック・プライシングへの応用も社会実験として始まっている。[1] さらに、最近では、テーマパークの入

場券にも適用されている。[vi]

従来型のダイナミック・プライシングでは、いつ需要が増加するか、減少するかなど価格を引き上げるまたは低下させるタイミングやその幅があらかじめわかっていることが重要であった。しかし、現在、着目されているダイナミック・プライシングは、商品・サービスの需要動向に影響を与えるようなさまざまな要因（イベント、天候、競合商品の価格などの状況）に関するデータを入手し、AIを使ってリアルタイムで瞬時にその時々の最適価格を予測し、価格を時間軸に沿ってより連続的に変動させる仕組みを指すことが多い。AIの場合は、さまざまなデータを使って瞬時に予測を行うことはお手の物である。また、情報が蓄積されればされるほど需要予測の精度が高まり、適切な価格付けが期待できる。まさに、ダイナミック・プライシングはAI活用の好事例といえる。

もちろん、AIが活用される以前においても需要動向に応じて迅速に価格を変更することが重要であったことには変わりないが、人間がこうした情報を解析できたとしても、最適な価格を割り出すには時間がかかっていた。さらに、最適価格が判明しても、それを実際の価格付けに反映させる

v アマゾン、ウォルマート、シアーズやエクスペディア、ホテルズ・コムといった旅行サイトなどがよい例である。

vi ＵＳＪ（ユニバーサルスタジオジャパン）の一日券などは時期によって異なる価格となっている（3か月先まで公表）。

までにもタイムラグがあった。それは、メニュー・コストの存在である。つまり、価格改定のために値札を書き換えるためのコストが発生するため、頻繁に価格を改定することは難しかったのだ。市場環境が変化してもそれに対応すべく瞬時にリアルタイムで価格を変化させることは至難の業であったのである。

しかし、これは、オフラインの販売の場合であり、オンラインの販売の場合、価格改定のコストはほとんど問題にならないくらい低い。したがって、ダイナミック・プライシングは、オンラインという環境の方がより適しており、現実にもオンラインの場で先行してきた。一方、オフラインの実店舗でも紙の値札を張り替えるなどかなり負担の大きかった価格の変更が容易にできるような電子棚札が実用化されるようになって、メニュー・コストがほとんどゼロ近くになった。こうして、ダイナミック・プライシングを巡る環境は激変している[vii][2]。

ダイナミック・プライシングが活用されている産業の特徴

以下では、ＡＩによる複雑な価格付けアルゴリズムを用いて需給、競合商品の価格など現在の市場の状況に応じて連続的に価格を変化させるという意味でのダイナミック・プライシングに絞って検討することとしたい。

従来型も含めて、ダイナミック・プライシングが活用されている産業としては、以下で詳述する

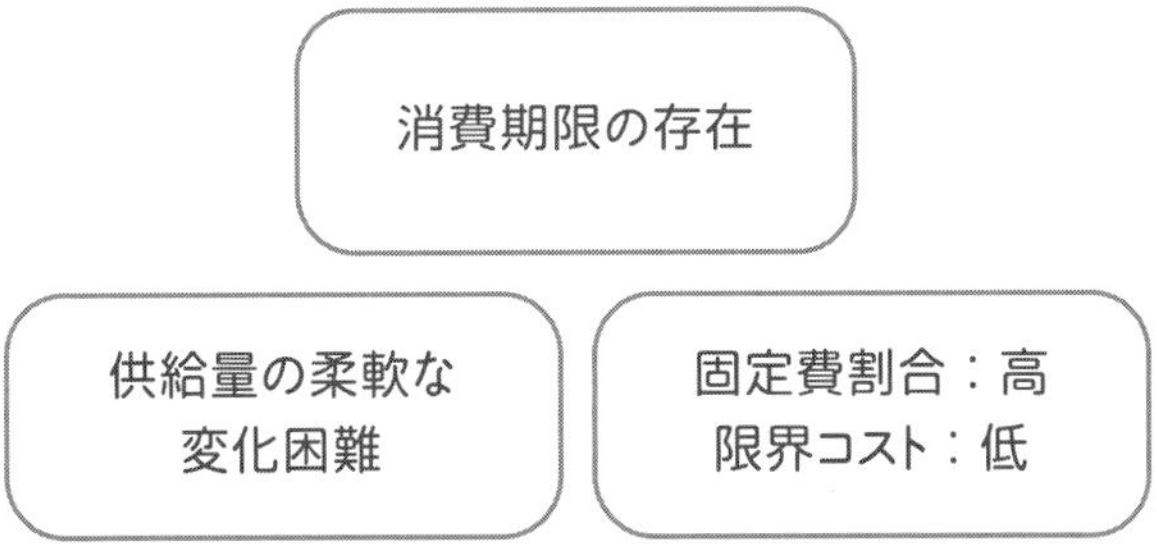

図5 ダイナミック・プライシングが活用されている産業の特徴

ように、旅客輸送、宿泊、スポーツ、コンサート、食品小売りなどが挙げられるが、これらの産業は以下のようにいくつかの共通の特徴を持つ（図5）。

第一は、一定期間を過ぎれば商品・サービスの価値がなくなるため、繰越できず、消費に期限があるという特徴である。たとえば、飛行機は出発してしまえば空席は価値がない。また、音楽のライブ・コンサートの空席、ホテルの空室も同様だ。スーパーのお惣菜など消費期限が早い食品小売りもこうした特徴を持つ。

第二は、供給量を柔軟に変化させることができないという

vii たとえば、家電量販店の大手、ビックカメラは、2020年に電子棚札の全店導入を行った。価格変更を行う場合、業務の3割程度（一日2、3時間）を割く必要があるなどその負担は重かったが、電子棚札の導入で一日に3、4回の価格変更を行えるようになるだけでなく、値札の差し替えの作業時間がほぼゼロとなり、その分、接客の質が向上、商品管理などへ空いた時間を振り向けることが可能になるなどの効果が出ている。

特徴だ。たとえば、野球のスタジアムの観客席数は固定化されており、ホームのチームの成績が良く、チケットへの需要が高まるような場合も、スタジアムの座席数を増加させることができない。航空機、コンサートの座席数やホテルの部屋数も同様である。

第三は、固定費の占める割合が大きく、顧客へのサービスの限界コストが低いかほとんどゼロに近いという特徴だ。たとえば、飛行機の場合、燃料費などの固定費が大きく、乗客が一人増えても減っても飛行機を飛ばす費用はほとんど変わらない。コンサート、ホテルの場合も、顧客一人当たりの限界コストは低いといえる。

いずれの特徴も供給側にある種の「制約」があることを意味している。供給を需要に応じて自由に変動させることができれば価格を変動させる必要はない。供給に「制約」があるからこそダイナミック・プライシングはより意味を持ってくるといえよう。

それでは、どのような産業においてダイナミック・プライシングは導入されているのであろうか。以下では、プロスポーツ、旅客・宿泊サービスについて、AIを活用したダイナミック・プライシングについて実例をみていこう。

■プロスポーツにおける活用例

AIを利用したダイナミック・プライシング活用の典型例としては、プロスポーツの観戦チケットが挙げられる。チケットはこれまでも曜日・休日や座席の種類で価格の差別化が行われていたが、ビッグデータを活用して、最適価格を予測するAIを活用すれば、天候、対戦カード、シーズンの節目、局面などで異なる試合の重要度（たとえば、リーグ優勝がかかる試合）、さらには、有力選手の引退試合などといった要素を加味し、きめ細かな需要予測、価格付けを行うことできる。また、実際のチケットの売れ行き状況も予想を異なる動きがあれば価格に反映できる。このように価格を適正化することで収益の最大化を達成することが可能となった。

ダイナミック・プライシングの先進国である米国では、三大プロスポーツである、NFL（プロアメリカンフットボールリーグ）、MLB（メジャーリーグベースボール）、NBA（プロバスケットボールリーグ）において、観戦チケットにはほとんどの場合にダイナミック・プライシングが導入されている。

日本については、まず、プロ野球の実例をみてみよう。すでにいくつかの球団がダイナミック・プライシングの試験的導入を行っているが、2017年からダイナミック・プライシングを導入するなど先駆的な取り組みをしている球団[3]では、導入することで、2017年の1試合の平均入場者数は前年比10％超増え、チケット単価、観客席の稼働率のアップを達成した。2018年はリーグ最下位にもかかわらず、1試合の平均入場者数は微減に留まるなどの効果を挙げている。

サッカーのJリーグについては、プロ野球と同様に試験的、部分的実施はいくつかのクラブで行われているが、2019年からホーム開催の20試合すべてにダイナミック・プライシングを導入しているクラブの例を紹介しよう。[4] このクラブでは、元々シートの場所によって異なる料金を設定していたが、それぞれについて、過去5年分の販売実績、席種ごとの現時点までの販売実績に応じてAIアルゴリズムの推奨価格を自動で算出させ、それを反映させている。たとえば、これまでは、メインスタンドであればホーム側、アウェイ側も同額であったが、ホーム側の方が人気が高いため、そうした差異も価格に反映されるようになっている。

旅客・宿泊サービス（シェアリング・エコノミー）におけるAI活用例

航空運賃やホテル料金などは早くから広義のダイナミック・プライシングを活用してきたが、AIの活用でさらなる進化をみせている。たとえば、日本のあるホテル・チェーンでは、周辺のホテルの価格を調査し、そのホテルと自社の同じレベルの料金の部屋が埋まると自社の部屋の料金が自動的に上がるようなAIを使ったダイナミック・プライシングの仕組みを採用している。[5]

ダイナミック・プライシングとの関係で旅客・宿泊サービスで注目されるのは、シェアリング・エコノミー関連である。UberやAirbnbなどはデジタル化、ICT、スマホなどのオンラインを活用したサービス提供であり、ダイナミック・プライシングとの相性はさらによいと考える。

まず、乗客がアプリに行き先を入れて、近くにいるドライバーとマッチングさせる仕組みのUb

erのサービスにおいては、ドライバーと乗客のマッチングの効率性が決定的に重要となる。このため、マッチング時に提示される料金がダイナミック・プライシングで調整されている。

具体的には、需要が多い地域に即座にドライバーを送るため料金が高く設定される。ドライバーがその地域に赴くインセンティブを高める必要があるためだ。その一方、料金が高くなればその地域での需要は小さくなり、より需要と供給がマッチしやすくなる。一方、需要が低い地域では、料金を相対的に安くすることで、乗客の方はその地域で移動するインセンティブが高まり、需要も増す。

Uberの場合、ダイナミック・プライシングは、サージ・プライシングと呼ばれ、価格変更は需要が高くなった場合、つまり、値上げのみである。もちろん、乗客にとっては、料金の値上がりは痛いことには変わりないが、配車サービスを利用するときは1分1秒を争う場合もあり、そのような場合は、できるだけ早く配車を受けることが重要で、そのために乗客が払ってもよいと考える金額はかなり高くなってもおかしくない。通常であれば需要が集中し、タクシーが拾えない場合、ダイナミック・プライシングに基づいた配車サービスは、たとえ料金が高くても乗客には納得感が生まれると考えられる。

また、同じくシェアリング・エコノミーの代表格である民泊サービス（個人が所有する物件などを宿泊施設として貸し出す）のAirbnbもダイナミック・プライシングを活用している。Air bnbの場合、宿泊施設の所有者が部屋の料金を決めることができるが、素人が適切な価格設定を行うことは難しい。そのため、Airbnbは以下のような条件を考慮し、ダイナミック・プライシングで得られた最適価格をオーナーに推奨している。⑴チェックインまでの残り時間、⑵エリアの人気度、⑶時期（繁忙期、閑散期）、⑷リスティングの人気度（ビュー数、予約数）、⑸リスティングの記載情報（アメニティ・設備）、⑹予約履歴、⑺レビュー履歴、などが条件の例である。

シェアリング・エコノミーという関係では、レンタカー、駐車場などにもダイナミック・プライシングを活用する動きがでてきている。シェアリングされる資産は新たに供給されるものではなく（供給は制限）、一方、資産が使用されていない（空いた状況）は価値を生まないため、ダイナミック・プライシングが適用しやすいといえよう。

ダイナミック・プライシングの課題

以上のように、企業の価格戦略としてダイナミック・プライシングは価格の適正化を通じて収益の向上が図られているようだ。

一方、消費者側からすれば、需要が低いときは通常よりも価格が低くなり、メリットも感じやすいが、需要が高いときに予期せぬ状況で価格が高くなることについては当然のことながら不満を感じる場合もあるようだ。このため、ダイナミック・プライシングの活用においては、なによりも消費者の納得感が重要になってくる。たとえば、行動経済学の視点から、消費者は企業が需要増加に乗じて、価格を引き上げると不公正（アンフェア）と捉える傾向があることが知られている。[6] そのような場合、当該商品への購買意欲が減退することを示した研究もある。[7] このように考えると、以下の点が指摘できよう。

第一は、顧客との長期的な信頼関係に留意すべきということである。ダイナミック・プライシングで短期的に企業の利益を高めたとしても、企業への不信感から顧客ベースが縮小してしまえば、長期的な利益を失うことになりかねない。顧客から「搾取」というイメージを持たれないよう、高い価格で買った顧客には先の時点で還元するといったような長期でみて両者が一方的に損や得にならないような関係作りが重要だ。たとえば、ホテル業の中には、ロイヤルティの高い顧客を優遇し、「会員は非会員よりも予約を取りやすく、お得に」、「需要が高まっているからといって値上げはしない」、「早く予約した顧客が損をするような料金設定はしない」をモットーに、むしろ、ダイナミック・プライシングを行わないことでリピーターの顧客に配慮するという取り組みを行っている企業もある。[8]

第二は、ダイナミック・プライシングへの納得感は商品・サービスの種類によっても異なることだ。日経クロストレンドのアンケート調査によれば、ダイナミック・プライシングで容認傾向にあるものは、航空運賃、スポーツ・コンサートのチケットなどがある一方、容認しがたい傾向が強いものとしては、雨が降ると傘の値段が上がる、タクシー料金、飲食店、駐車場料金、高速道路料金などが挙げられた[9]。この結果をみると、これまでダイナミック・プライシングとして定着してきた航空料金やファンとして手に入るならお金をいくらでも払いたいが必需品ではなく嗜好性の高い商品・サービスの範疇に入るチケットに対しては容認しやすいのであろう。

一方、より生活必需品的な商品・サービスであれば、高価格でも購入しないという選択肢はないため、「足元をみられている」、「弱みにつけこまれている」という印象を持ちやすいのかもしれない。供給が制限され、満室、満席という概念が明確であり、かつ、生活必需品的でない商品・サービスであるかが目安になるだろう。いずれにせよ、ダイナミック・プライシングの導入や価格変動の理由について、顧客が納得感を持ち、公正性を感じられるように、十分説明していくことが求められている。

第4章のまとめ

・企業が経済取引でなるべく多くの利得を得るためには、「取引によって潜在的に生まれる潜在的利得全体」から企業の取り分をできるだけ多く取ることが重要である。
・買い手ごと、個数ごとにその商品・サービスに「払ってもよい金額の上限値」を正確に把握することができれば、価格を差別化し、それぞれに対しできるだけ「払ってもよい金額」に近づけることが最適の戦略となる。
・この戦略はICT革命以前では難しかったが、ICT、AIの活用で大量の顧客データを分析することができるようになり、個々の顧客の嗜好や需要（払ってもよい金額）をより詳しく把握することが可能になった（パーソナライゼーション）。
・「パーソナライゼーション」戦略の活用は小売業が代表的であるが、教育、医療、金融などの分野における活用可能性も大きい。
・企業戦略の中でも、価格戦略に着目すると、時間の経過によって変わる顧客の「払ってもよい金額」をAIで予測し、価格に反映させるダイナミック・プライシングがさまざまな分野で適用可能である。

・これらの分野は、⑴消費期限がある、⑵供給の変化が困難、⑶固定費の割合が高いといった共通の特徴を持つ。
・具体的には、プロスポーツの観戦チケット、旅客・宿泊サービス（特に、シェアリング・エコノミー関連）などが、ダイナミック・プライシング適用の代表例である。
・ダイナミック・プライシングは企業にとっては価格の適正化を通じて収益向上機会を生むと同時に、消費者にとっても通常よりも安く購入できたり、購入期限直前でも売り切れを回避し、高い金額を払えば購入機会が確保できるというメリット存在がする。
・ただし、消費者にとって、通常より価格が高くなる場合には、顧客との長期的な関係に留意したり、必需品への適用は避けるなど顧客の納得感、公正性への配慮が重要となる。

第5章

AIで産業が変わる

——農業・畜産業、建設業の大変身

産業におけるＡＩの活用というと、読者が最もよく思い浮かべるのは、第４章でみた、金融業ではないだろうか。もともと、デジタル化やデータ分析などの利用も他の産業よりも早くから進展し、ＡＩのメリットも活かしやすい産業であることは間違いないし、ＡＩも含め新たなテクノロジーの導入を積極的に図ってきた分野である。

しかし、ＡＩの産業への影響を考える場合、金融業といった最新のハイテク産業ではなく、むしろ、ローテク産業と目されてきた産業、ここでは、農業・畜産業や建設業について検討してみたい。なぜなら、ＩＣＴ、ＡＩがこの２つの産業のイメージを塗り替えるような革新を起こし始めているからだ。

この２つに共通しているのは、現場に張り付いての仕事が多いため、長時間労働、休みがとれず、「きつい」だけでなく、「きたない」、「危険」といったいわゆる「３Ｋ」職場という色彩が強いことだ。そのため、人手不足、後継者不足が深刻であり、高齢化も他の業種以上に進んでいるという事実がある。

その中で、ＩＣＴ、ＡＩがまさに救世主となってローテク産業のハイテク化を推し進めつつあるのだ。これまで長年の経験や勘に頼っていた作業や過酷な現場における作業もＩＣＴ、ＡＩによるサポートや自動化が可能になってきている。たとえば、農業では、画像解析、データ分析の活用が高品質の農産物の安定供給を可能にする動きも出てきている。以下では、農業・畜産業、建設業について、ＡＩ活用事例を紹介していこう。

第1節　ＡＩで変わる農業

農業へのＡＩの活用については、ここでは大きく3つの分野に分けて考えてみよう。第一は、圃《ほ》場《じょう》の広さへの対応である。農業の場合、作業を行う圃場が広いことが従事者の負担を大きくしていることは間違いない。そうした問題を解決すべく、ドローンや農機とＡＩのコラボの実例を取り上げる。第二は、農作物の生育期におけるＡＩの活用である。より品質の高い農作物を作るためにＡＩがどのように活用されているかをみる。第三は、収穫期以降におけるＡＩ活用である。収穫のタイミングを計ったり、収穫物の選別を行うことは経験に基づいた熟練が必要であり、機械化が難しかった分野である。ＡＩがそうした問題をどのように解決しているかみてみよう。

広い圃場への対応――ＡＩドローン、ＡＩ農機のもたらした革新

農作物の栽培を行う圃場が広いことが、農業従事者の負担を大きくしてきたことは先に指摘した通りである。その意味で、広い圃場を自由に飛行できるドローンの農業への活用は有用であり、実際、ドローンを使った農薬散布などは広く行われているが、これは人間ではできないことをドローン＝ロボットで代替していると考えられる。本節では、ＡＩにより焦点を当てて、ドローン×ＡＩという視点で活用のあり方を考えてみよう。

ドローンに取り付けられたカメラで圃場の画像を得ることができれば、画像解析はＡＩの得意分野でさまざまな可能性が広がることが予想できるであろう。圃場を上空からドローンで撮影することにより、作物の状況を一目で把握できるようなサービスが実用化されている。[1] 撮影した画像をＡＩで解析することで作物の生育状況などを正確に把握することが可能になり収穫量を予測したり、雑草の生育状況も把握できるため、ピンポイントに除草剤を散布することができる。農業従事者の立場からは生育状況の正確な把握のみならず、圃場巡回の時間削減、除草剤散布の効率化・費用削減が可能になっている。このような上空からの撮影に特に適しているのは、上から見て個体の生育状況が確認しやすいキャベツや白菜の葉物野菜だ。

こうしたドローン×ＡＩによるテクノロジーを使い、農産物の商品力、質を高めることに注力し

ている企業もある。[2]この企業は、上記のようなドローン×ＡＩによる圃場の画像解析で病害虫を検知し、必要な箇所だけドローンで農薬散布を行う「ピンポイント農薬散布テクノロジー」を農家へ無償で提供する一方、この技術で生産された米を市場価格で全量を買い取り、「スマート米」、「スマート玄米」として消費者に販売するという取り組みを行っている。

消費者サイドの安全性志向が強まる中で、農薬削減の取り組みはこれまでも行われてきたが、除草や害虫駆除を全部手作業で行わなければならないというかなりの労働集約的な作業が必要で、農業従事者の大きな負担になっていた。しかし、このテクノロジーを提供する企業が、市場価格での買い取りも行えば、農薬削減による農薬費用や人件費の削減によるメリットも享受でき、さらにスマート米の付加価値が消費者に評価されより高い価格で売ることでそれが生産者に還元される仕組みにもなっている。生産者、ＡＩテクノロジー企業、消費者の三方がメリットを享受でき、ＡＩ×農業の先進的な形を提示しているといえよう。

自動化が進むＡＩ農機

ドローンと並んで広い圃場への対応として期待されるのは、ＡＩ農機の自動運転である。これも自動車の自動運転と同様、圃場の状態を自ら察知し、適切な運転を行うという意味でＡＩが活用されている。その自動運転の農機の代表例が、人気テレビドラマの『下町ロケット』でも登場したＡ

I農機だ[3]。

農林水産省は農機の自動運転のレベルを次のように3つ定めている。レベル1が慣性計測やGPSなどを備えた「搭乗状態での自動操舵」、レベル2が現場立ち合いや搭乗監視が必要な「有人監視下での自動化・無人化」でレベル3が遠隔監視下で自律制御を行う「完全無人化」である。先ほど触れたAI農機「アグリロボ」シリーズの自動運転はこの中でレベル2に相当する。

それでは自動運転でどのようにAIが活用されているのであろうか。まず、自動運転といっても最初からすべて自動で行うのではなく、人間が運転して圃場を走ることで、GPSの位置情報をAIに与え、AIは受け取った情報から圃場全体のマップを作製する。この作業が完了すれば、自動運転・無人走行が可能となる。AIが最適な作業経路を導き、エンジンの回転数や変速などを自動的にコントロールすることが可能になる。

農機の自動運転は自動車の自動運転とどこが異なるのか。通常の道路であれば、センターラインや標識などの目印があり、膨大な地図データも利用することが可能だ。一方、圃場ではそれらがない分、より高度な制御が求められることになる。一方、圃場は私有地であり、不特定多数の人が出入りするわけではなく、走行場所もあらかじめ決まっており、走行速度も自動車に比べれば遅いため、自動運転を実現しやすい面もある。

農産物の生育期におけるＡＩの活用

●ＡＩを活用した生育システム――トマトの例

農産物の生育におけるＡＩの活用として、トマトの例をみてみよう。甘いトマトは、与える水分を減らすことで作ることができる。果実は小さくなるが成分が濃縮され糖度が上昇するためだ。一方、水やりが少なすぎると生育が遅れたり、枯れたりしてしまう。つまり、適度な水分ストレスを与えることが重要になる。しかし、生育と糖度を両立させるような水やりは簡単ではない。熟練した農家はまさに経験と勘で生育状況を見極めながら給液量を抑えて糖度を高めている。

こうした潅水をＡＩで制御する取り組みも行われている。[4] ここで着目されたのは熟練農家が葉のしおれ具合を丹念にチェックしていることだ。しおれるのは水分の蒸散量が吸水量を上回る場合だ。ＡＩを使ってしおれ具合から水分ストレスを予測することができれば、熟練農家と同様に、適切な潅水を行うことができるようになる。定点カメラで画像情報を取り込み、深層学習で葉のしおれの動きに関する特徴量を抽出し、温度、湿度、明るさなどの環境データも入力データとして使い、茎の太さ（茎径、水分を根から吸い上げることができなかった際にわずかに変化）と紐づけを行い、その状態を予測できるようにした。

もちろん、茎径計測ための装置があれば、潅水の制御は可能であるが、そのような装置設置の負担なしに行えることがポイントである。こうしたＡＩによる潅水制御は２０１７年に完成したが、その後、ＡＩによる予測精度を向上させ、中玉トマト栽培の実証実験を行い、平均糖度９・46の従来の日射比例の潅水制御を超える高糖度トマトの低負担、大量生産に成功した。

ＡＩによる病害の予測・診断

農作物の病害への対応も生育期においては重要である。農作物の病害については、発生要因が特定しにくいし、感染が目に見えない、感染後では農薬を散布しても効果が薄いという問題があり、病害を予測し、早めに手を打つことが重要である。独の総合自動車部品メーカーが提供している病害予測に特化した温室内環境遠隔モニタリングシステムは、[5] センサーによって湿度や温度、日射量などの情報を収集し、ＡＩによって病害の感染リスクを予測（精度92％）し、適切な農薬散布タイミングの通知によって病害発生の低減に貢献している。このシステムの使用で農薬散布の必要な時期が適切に把握できることで、むやみに散布する必要がなくなり散布回数を減らすことができるというメリットもある。

ＡＩによる病害虫や雑草の診断については、農業従事者が手軽にスマホでも行えるようなアプリが無料で配布されている。[6] 農作物や圃場に発生した病害虫や雑草をスマートフォンで撮影し、「ＡＩ診断」をタップするだけで、それが何であるかを特定することができる。診断結果はＡＩによる確度が高い順で表示され、撮影されたものの識別に役立つような病害虫、雑草のミニ図鑑も表示される。診断結果に基づき、他の農薬メーカーと連携し、防除に有効な薬剤の一覧が表示され、詳細情報の確認ができる。農薬の購入などに結び付けることでアプリが無料提供できていることも見逃せないポイントだ。

■AIを活用した自動収穫・自動選別システム

農作物の収穫、大きさ・形に分けた選別の作業は労働集約的であるばかりでなく、熟練のノウハウ、勘も要求される分野であり、AIの活用が有効な分野でもある。

●AIによる農作物の自動収穫システム——トマトの例

AIによる画像処理で野菜や果物の適切な収穫時期を知ることができれば、収穫を行うロボットと組み合わせて農作物の自動収穫が可能となる。ここでは、日本の大手総合電機メーカー[7]が開発したトマトの収穫を自動で行う「トマト収穫ロボット」をみてみよう。その特徴は、画像でトマトの色や形を正確に把握し、収穫のタイミングを適切に判断するだけでなく、正確な位置も取得できる距離画像センサーを搭載していることだ。また、ダメージレスハンドの搭載でトマトを傷つけずに収穫を行うことを可能にし、こうした特徴とあいまって自動収穫を可能にしている。果実の収穫作業は労働集約的であるが、「トマト収穫ロボット」を使えば、夜間に収穫作業を終わらせることも可能になる。

●AIによる農作物の自動選別システム——キュウリの例

野菜や果物については、出荷の際にその大きさや形状によって等級分けが行われている。この作業については機械などで自動化されているものもあるが、目視により行われ、その作業の効率性を高めるにはそれなりの熟練が必要とされてきた。たとえば、キュウリは、長さ、太さ、曲がり具合、表面のつやなど非常に多くの確認ポイントがある。

静岡県でキュウリの栽培を営んでいた元エンジニア[8]がAIを使った自動選別システムを開発した。キュウリは9つの等級に分けられるが、仕分け作業の担当であった彼の母親は仕分け作業に一日8時間以上費やすなどかなり大きな負担になっていた。そこで、この状況を改善するために、グーグルがオープンソースで公開している機械学習用のソフトウェアライブラリである「TensorFlow」を用いて、カメラが撮影したキュウリの画像を「TensorFlow」が認識し、自動で仕分けするシステムを構築した。

これを使用すると仕分けのスピードが約40%向上したという。画像解析で分類や仕分けを行うことはこれまでみてきた通り、AIの得意とするところだ。ただ、元エンジニアとはいえ、AI企業に提供を受けるのではなく、自らシステムを作り上げたことは、AI活用を身近なものに感じることができる注目すべき事例だ。

第2節 AIで変わる畜産業

これまで農業へのAI活用をみてきたが、畜産の分野でもAIの利用は進んできている。農業と同様、担い手不足の問題は深刻であるが、畜産の場合、動物を飼育しているという意味で農業とは異なる面で従事者の負担が大きくなっている実情に留意が必要である。第一は、作業場が衛生面からもより厳しい環境にあることだ。第二は、健康・発育状態について、急変に対応するため昼夜を問わず常に見守る体制が必要であることだ。その意味で、農産物以上にAIのサポートによる恩恵は大きいといえる。このような厳しい環境下にある畜産業の従事者に対し、AIがどのように支援しているのか、養豚業、養牛業、養鶏業の3分野に分けて事例を紹介してみたい。

養豚業におけるAI活用

日本の大手食品メーカーと大手通信会社[9]は、AIを活用して、養豚場の働き方改革を行う、「スマート養豚プロジェクト」を進めている。具体的には、グループ会社である養豚事業会社の養豚場において、豚舎の厳しい環境にも適応できるような防水・防塵対応カメラや温湿度、ガス濃度の環境センサーを設置し、豚の飼育状況をリアルタイムで把握し、飼育管理の最適化・省力化を実現している。収集したデータを元に子豚の健康や母豚の交配可否などをＡＩで予測する技術の開発を進めている。具体的には、子豚の画像からＡＩで個体認識し、その行動を分析することで健康状態の把握が可能になり、疾病兆候を速やかに検知して治療を行うことが可能になる。

また、母豚の発情兆候をＡＩで予測することでより適切なタイミングで交配を行うことが可能となる。母豚の発情兆候の判別に当たっては、従来は、作業員が餌を食べる量や雄豚と接触した際の反応、人が触れたときの行動変化などを注意深く観察することで判断してきた。養豚業ではこのように経験や勘に頼っている作業が多いことが過重労働やノウハウ継承の難しさを生んでいた。そこで、ＡＩで画像判定が可能になれば労務負担の軽減、担い手の増加、ひいては、生産性、品質の向上が図られることが大いに期待できる。[i10]

養牛業におけるＡＩ活用

畜産経営において、一頭一頭注意深く観察を行う必要があるのは豚だけでなく、牛も同様だ。ここでは、牛の行動をモニタリング、ＡＩで分析をするシステムをみてみよう。[11] このＡＩシステムの特徴は牛の首に装着するセンサタグに特徴がある。従来は、歩行、採食、反芻といった動態を判別するための「加速度センサ」のみのものが多いが、このシステムは起立か横臥かといった姿勢の判別が可能になるような「気圧センサ」やさらに「近接センサ」も加わり、センサから取得したデータをＡＩで解析することにより、「動態・起立・横臥・反芻・採食・飲水」といった牛の主要な行動を把握できる。こうした行動データはインターネットを介してＰＣやスマホなどで確認できるため、場所を選ぶことなく牛の個体情報を確認することが可能となっている。

また、これらの行動データに基づき、疾病、発情などの対体調変化の兆候をＡＩが検知し、通知を行うアラート機能（疾病アラート、発情アラート、起立困難アラート（肥育牛））もある。これらの機能によってすべての牛をくまなく観察し、注意すべき個体を特定するという手間、身体的負担を軽減できるだけでなく、発情を見逃さず受精適期の種付けや疾病の早期発見が可能になる。[ii]

養鶏業におけるＡＩ活用

畜産の中でも養鶏については、飼育数が格段に大きいという特徴がある。特に、鶏卵産業は一鶏舎当たり10万羽を超えるものも増加するなど寡占化が顕著である。その鶏舎で必須となっている単純作業が死亡鶏の巡回監視である。通常、生まれた卵は自動でパッキング工場まで運ばれるのが一

i　その他、豚の飼育状況を把握するためのＡＩ活用例としては、豚の鳴き声は鳥や牛に比べて特徴的であることに着目し、豚の発する音声をＡＩで分析する取り組みが挙げられる。

ii　その他、牛の飼育については、ＳＣＳＫ北海道がトップファームグループと共同で、初期段階での牛の異常や兆候を検知し、分娩担当者や夜間担当者に通知、牛の分娩における事故を未然に防ぐ「牛分娩ＡＩ監視システム」が構築されている。

般的になっており、鶏の死亡が発生すればそれが卵の流れを妨げることで腐敗卵が発生するなどの問題が生じてしまう。

しかし、薄暗く臭気があり羽埃が舞うような過酷な作業環境にある鶏舎で1鶏舎数千ある鶏籠を確認するのは数時間も要するため大変な重労働になっている。カメラを装着した巡回ロボットが鶏籠を撮影し、取得した画像をサーバーPCへ転送し、AIで生存か死亡を判定し、判定結果を作業員へ通知するというシステムが構築されている。[12] 死亡鶏の検出率は95％に達し、死亡通知箇所への移動のみとなることで数千か所に及んだ点検作業負荷を1％程度以下に低減できる見込みとなっている。

第3節 AIで変わる建築・建設業

次に、建設・建築業におけるAIの活用事例をみていこう。建設・建築業界も、先にみた農業と同じく人出不足、働き手の高齢化が他の産業よりも深刻である。その一方で、熟練技能者が持つ長年の経験による技・ノウハウ・勘を要する仕事も少なくない。さらに、他の産業に比べて危険性も大きい。これらの要因がさらに人出不足を深刻化させているといえる。そうした中で、労働生産性も他の産業を下回り、ICT関連投資の規模も産業別には最低の部類に入るなど、AIも含めたデジタル化、ＩＣＴの活用により人手不足解消、安全性、生産性向上を実現する余地は大きいと考えられる。政府も、ＩＣＴの活用による生産性向上を大きな柱とする「i-Construction」の取り組みを進めてきているが、ＡＩやＩoＴの活用をさらに進める必要があるという認識も高まってきている。

以下では、建築・建設業におけるＡＩの活用について、(1)設計、(2)施工、(3)施工管理、(4)維持管理の4分野について、みていこう。

設計分野におけるＡＩの活用例

まず、設計分野におけるＡＩの活用をみてみよう。建築における設計は、大きく建物全体のデザインを担当する「意匠設計」と、建物の強度など構造に関わる部分を決める「構造設計」に分けられる。ＡＩの活用が進められているのは後者の構造設計である。構造設計では、安全性・機能性・経済性を考慮して、主として力学的な面から構造の形式・材料を選定し、部材（柱・桁《けた》・梁《はり》など建造物の骨組を構成する材料）寸法を算定する必要がある。その単純作業の7割を削減できるようなＡＩの開発が四大ゼネコンの一角を占める大手建設会社と将棋ＡＩで有名なＡＩ開発企業と共同で進められている[13]。

構造設計でも以下の3つの分野で異なるＡＩの活用が進められている。第一は、「リサーチＡＩ」

だ。構造設計の最初の段階では、過去の似た例を参考にしながら検討を進めることが通例だ。しかし、そうした情報収集には時間がかかるだけでなく、経験の少ない設計者にとっては適切な事例を選択することは簡単なことではない。しかし、「リサーチＡＩ」は、データベース化された過去の膨大なプロジェクトの情報から、似た事例を選び出してくれるのだ。ベテランの持つ「勘」をＡＩが実現しているといえる。

第二は、構造計算なしで仮定断面を自動推定する「構造計画ＡＩ」だ。仮定断面とは、構造計算を実際に行う前に、建物の用途や柱の入れ方などから、大まかに設定された柱梁の断面を意味する。仮定断面があることで、デザインを担当する意匠設計者が基本計画を立てやすくなるのだ。これも過去の膨大な部材情報を使い、建物の違いによって異なる柱・梁の断面サイズをＡＩが学習し、「このような建物のこの部分の柱の断面はこの程度」とすぐ答えを出してくれる。また、仮定断面が簡単に求まれば、複数の案を比較するのも容易となるため、構造設計の時間短縮のみならず質の向上も可能だ。

第三は、詳細設計の際に部材のグループ分けを支援する「部材設計ＡＩ」だ。たとえば、柱の断面はなるべく揃っていれば施工はやりやすいものの、コストは上がってしまう。一方、断面サイズを変えて数量を減らせば、コスト面では有利となるが施工は難しくなるなど、トレード・オフが存在する。構造設計者は施工性と経済性が両立するよう、部材の種類をグループ分けする必要があり、部材設計ＡＩは、その面で貢献している。

施工分野におけるＡＩの活用例

施工分野におけるＡＩの活用について、建設機械（建機）の中でも、油圧ショベルの例についてみてみよう。[14] 油圧ショベルとは一般にショベルカーと呼ばれる建機で、施工現場においては、土砂や山を削ったり、整地する際に使われる。しかし、この建機を使いこなすためにはかなりの熟練が必要となってくる。油圧ショベルの場合、ＡＩはその姿勢や地形の認識および制御に使われている。つまり、運転席上に設置されたカメラ映像から油圧ショベルのアームやその先端の作業装置であるバケットなどの位置・角度をＡＩによって認識するとともに、センサーで地形状況を計測する。

制御面ではＡＩによって推定された位置や角度に基づいて、必要な操作をＡＩがオペレーター（操縦士）に示したり、その操作を自動で行ったりすることが可能である。もちろん、その前提として、施工現場のドローンによる調査・測量とそこから得られた3次元工事データによって施工計画、図面が入力されており、それを踏まえてＡＩが操作をサポート・実現しているのである。

以下では、世界的な建機メーカーのＡＩを活用したＩＣＴ油圧ショベル[15]を紹介したい。この建機を使えば、経験が浅い者でもオペレーター経験で数年レベルの作業を行うことができる。実際、建機の免許を取得し、建機を操縦するのはまったく初めてという二人の若い女性社員が法面整形（工事現場で建機を使って指定された通りに地盤を整形すること）をいきなり3日間で任される様子が動画で紹介されている。[16] 法面整形は、通常、数年レベルの経験が必要な作業内容であり、初心者が3日間で行うのは到底無理な作業である。初日はさすがに慣れるだけの様子であったが、操縦席にあるタッチパネルのガイドに従って操作を続けるうちに次第に作業に習熟し、2日目にはタッチパネルの指示に従い、予定通りに作業を進めることができた。3日目には当初の予定通り作業を完了することができ、指導したオペレーター歴10年の中堅社員もびっくりするような仕上がりとなったのだ。

また、同社はオペレーターが建機に乗らずとも無人運転で油圧ショベルの一連の動作ができる建機の導入や5Gを利用した遠隔操作の実用化[17]なども目指しており、安全性の確保、施工効率の向上が期待できる。

■施工管理分野におけるＡＩの活用例

施工管理業務にもＡＩの活用が進んでいる。施工管理者とは、いわゆる現場監督だ。建設現場の指揮命令を担い、現場の工程管理、品質管理、安全管理、作業者のスケジュール管理まで担うなど、業務は多岐にわたり、激務、長時間労働のイメージが強い職種でもある。多くの作業が人手を介さないとできないような労働集約的な色彩が強く、機械化、自動化などによる業務の効率化が難しい職務である。

このような施工管理者の重要な業務の一つとして、建設現場の写真を撮影し、報告書をまとめる作業がある。建物が完成するまでには多数の工程を経る必要があるが、工事の品質を確保するために、一つ一つの工程が終了した時点でその工事が適切に行われたかどうかを示す写真を撮影し、報告書にまとめる必要がある。このため、施工管理者は昼間、現場で写真を撮影し、その整理、報告書作成は夕方以降、事務所に戻って行うことが多く、これが慢性的な残業の一因となっていた。

そこで、設計分野の実例でも紹介した大手ゼネコン[18]では、建設現場で撮影した写真をＡＩの画像認識で解析し、どの工程で撮影されたものか自動で認識・分類できれば、施工管理者の負担はかなり削減できると考えた。建設現場で撮影された大量の写真データをＡＩに学習させ（教師学習）、どの工程の撮影か自動で認識できるＡＩモデルの開発を行っている。毎日2時間程度かかっていた写真の整理・登録がほとんど不要になるなど大幅な業務負担の軽減が見込まれている。

維持管理分野におけるＡＩの活用例

建築・建設における活用例の最後として維持管理分野をみてみよう。建物などの建築物のみならず、道路、橋、トンネルなどのインフラの維持管理においては、定期的に点検し、ひび割れなどの損傷の有無について、検査、確認を行うことは安全性維持のために欠くことのできない取り組みである。しかし、建造物を隅から隅まで目視で確認していくことは大変労働集約的な作業であるばかりでなく、損傷を見逃さずに的確に発見するのは熟練を要する作業であり、これまでみてきた他の分野と同様、熟練の必要性が大きく、人手不足もさらに深刻な状況となっている。特に、インフラ建造物は高度成長期以降50年以上経過しているものも多く老朽化は深刻な問題であり、こうした維持管理業務の重要性・必要性はさらに高まっているのが現状である。

人間の「眼」に代わって画像処理で異常を自動検出することはＡＩの得意分野であり、建築・建設関係では、最もＡＩの活用が進んでいる分野といえる。特に、特筆すべきはドローンとの併用で効果を挙げている点だ。高層ビルはいうに及ばず、橋梁やトンネルなどのインフラ建造物などは、高所であったり、そもそも足場を組むことが難しく、人間が目視を行うことが難しい場合も少なくない。しかし、こうした建造物の外壁などをくまなく、もれなく検査するということがＡＩ×ドローンで可能になっており、維持管理業務の「切り札」としてさらなる活用が見込まれている。

以上、本章では、農業・畜産業、建設業にフォーカスを当てて、ＡＩの活用事例をみてきた。ＡＩはおろか、ＩＣＴやデジタル化には一番縁遠い産業という固定観念を持たれていた読者も少なくないであろう。３Ｋ、長時間労働というイメージが根強い業種でもあり、人手不足、従業員の高齢化が他の産業よりも深刻であるという特徴も共通している。単に人手不足が問題であれば、機械やロボットで自動化を進めればよいわけだが、どの産業も経験に裏打ちされたノウハウや勘が必要とされる場面が多く、それが新たな参入を難しくし、人手不足・高齢化をさらに深刻化させているという面があった。

しかし、ICT、デジタル化をベースにした上でAIの活用を行えば、AIが労働集約的でかつ熟練が必要な部分を両方とも担うことで、労働者の負担はかなり削減される。それとともに、労働者のスキルによらず、一定のパフォーマンスを達成でき生産性の向上にも資するといったように、これらの産業が直面している困難を一挙に解決することも夢物語ではなくなってきているのだ。AIがどれだけ我々を助け、サポートしてくれるかを顕著に示している好例といえよう。

第5章のまとめ

・農業については、⑴ドローンなどを活用した広い圃場への対応、⑵生育における潅水の自動制御、⑶病害の予測・診断、⑷農作物の自動収穫・自動選別システム、といった分野でAIが活用されている。いずれの例も、労働集約的な農作業を助けるだけでなく、熟練者の長年の経験に裏付けされたノウハウ、勘を取り入れることに成功している。

・農業よりもさらに過酷な環境であり、また、発育・健康状態について昼夜を問わない見守りが必要な畜産業も、画像から家畜の個体認識を行い、健康状態や行動状況を把握し、疾病兆候や発情兆候、さらには個体数の多い養鶏では死亡発生の把握・予測することが可能になっており、担い手の労務負担の軽減にかなり貢献している。

・また、建築・建設業においては、⑴過去の似た設計事例の提示（構造設計分野）、⑵経験が浅くてもベテラン並みに操縦できるＡＩ建機（施工分野）、⑶現場監督の負担になっていた建設現場の撮影写真の整理・登録（施工管理分野）、⑷建造物のひび割れなどの損傷の自動検出（維持管理分野）、といった分野でＡＩが活用されている。

・これらの産業において、ＡＩは過重労働、人手不足、低生産性といった共通する課題の解決に向けて予想以上の力を発揮しつつあり、「ローテク産業」というイメージを塗り替えつつある。

第6章

AIで公共政策が変わる

――政策の有効性向上への挑戦

ＡＩと政府、公共政策の関係を考える際、従来の視点として、政府がＡＩについてどのような公共政策を行うべきかが強調されてきた。たとえば、個人のプライバシー、市場の競争などの観点からの政府の規制のあり方である。こうした問題、つまり、ＡＩ「に関する」または、「のための」政策（public policy on AI, public policy for AI）は終章で論じるとして、本章では、ＡＩ「を利用した」政策（public policy through AI）について論じてみたい。

第1節　データ駆動型政策立案（ＤＤＰＭ）に向けて

ＡＩで変わるのは民間部門だけではない。公共部門、公共政策もＡＩで効率性、有効性を高めていくことが可能と考えられる。一定の政策目標、政府の役割を達成するために、どのような取り組みや手法が効果的であるかをＡＩによって予測できるためだ。政府も民間と同様に目的達成のために投入できる資源が限られていることを考慮すれば、ＡＩの利用による効率的な資源配分の達成によるメリットは想像以上に大きい。

政府の政策立案については、近年、ＥＢＰＭ（Evidence-based Policy Making：エビデンスに基づく政策立案）の重要性が強調されてきた。その流れでいえば、ＡＩを利用した政策形成は、ＤＤＰＭ（Data-driven Policy Making：データ駆動型政策立案）と呼べるかもしれない。エビデンスの中でもよりデータに特化した政策立案と考えられるため、ＤＤＰＭはＥＢＰＭの範疇に入ると考えてよいであろう。いずれにしても、政策立案の新たな流れであることは確かだ。

それでは、ＡＩを利用した公共政策におけるＤＤＰＭとは具体的にどのようにイメージすればよいであろうか。ここでは、２つの観点について述べてみたい。

第一は、ＡＩの本質である予測という特徴を活かした視点である。ＥＢＰＭが近年、より注目されるようになったのは、実証経済学、計量経済学の発展と無関係ではない。特に、実証分析では、因果関係を特定できるようなミクロのパネルデータ・セットを使った分析が主流となり、操作変数法、ＤＤ（差分の差分）分析、ＲＤ（不連続回帰）分析、マッチング分析などが広く使われるとともに[1]、ランダム化比較試験（ＲＣＴ）も活用されるようになってきている。こうしたデータ、手法を利用して、ある政策を行うことでどの程度効果があったという因果関係に基づいた評価が可能になったことがＥＢＰＭブームの一翼を担っているのだ。

こうした因果関係により着目した形で政策を評価することはもちろん大事ではあるが、ある政策を行う際に因果関係は必ずしも明確ではなくても予測が重要な役割を果たす場面がある。因果関係と予測の違いについては、「政策問題の予測」と題する論文[2]で以下のようなわかりやすい例が述べられている。

たとえば、雨が降るかどうかに関わる意思決定をするケースを考えてみよう。雨を降らすために雨乞いの踊りをするかどうかを判断する（非現実的ではあるが）のが第一のケースである。干ばつの際に、政策として雨乞いを実施すると決定するためには、その正当化のために「雨乞いをすれば雨が降る」という因果関係が成り立つ必要がある。第二のケースは、雲の様子をみて雨に濡れないように傘を持っていくべきかどうかを判断するケースである。いずれも、判断には雨に関する実証分析（雨乞いと雨の関係、雲の形状と雨の関係）が必要だ。第一のケースは、雨乞いの踊りは雨を降らせるという因果関係が求められる。後者の第二のケースは必ずしも因果関係が求められているわけではない。傘を持っていくだけ雨の降る確率が十分高いかどうかが問題となる。政策を考える場合、第一のケースのように「雨乞い型の政策問題」にしばしば注目が集まるが、第二の「傘型の政策問題」も多くあり、見逃されがちである。そして、このケースこそＡＩ（機械学習）が有効であるのだ。

予測が重要となる「傘型の政策問題」の例を考えてみよう。たとえば、ある政策に効果があることはわかっているが、その政策が必要な対象をどのように絞っていくかというターゲティングが重要となってくるような場面である。政策を必要とする対象を効率的に予測することができれば、政府がそこに投入すべき資源を節約することができる。このようにみてくると、公共部門の問題を考える際にも、政府が政策の適用対象のターゲットを絞り込み、その対象に最適な政策を立案していくという立場である。第4章でみた、「パーソナライゼーション」の考え方と共通していることがわかる。

第二の視点は、活用すべきデータの存在場所への着目である。DDPMが想定するデータは「現場」に存在するローカルな情報である。このように考えると、DDPMは政府部門の中でも、中央部門よりは地方部門、企画部門よりは現業部門での活用に適しているといえる。DDPMは政策決定の権限移譲（decentralization）を引き起こすと考えると、これまで国・企画部門が地方・現業部門をコントロールするという従来型の支配構造を大きく揺るがす可能性も示唆しているといえよう。

このように考えると、国全体のより一般的な方針の決定に活用するのではなく、特定の地域が抱える特定の問題の解決のためにミクロ・データとAIを有効活用してどのような取り組み、政策が効果を挙げるか比較検証をした上で政策立案を行うことこそDDPMの具体的なイメージであることがわかる。

第2節 データ駆動型政策立案の事例

以下では、具体的な事例を考えみよう。民間企業などの活動に関してさまざまな規制を行うのは国・地方政府の重要な役割である。その際、個々の規制に対して民間部門が順守しているかどうかの検査を行うことは地方・現業部門の重要な任務である。一方、すべての対象について検査を行うことは非常にコストがかかるし、人的資源配分の制約に直面しやすい。この場合、どのような対象が規制を順守しなくてはならないか正確に予測することができれば、より効率的な検査やそのための人員配置を行うことができるようになる。

たとえば、米国ではボストン市、Yelp、DrivenDataと協力し、Yelpのレストランレビューのテキスト情報からレストランの衛生基準違反の予測を行う賞金付きのコンテストが行われた。700以上のアルゴリズム考案者がこのトーナメントに参加し、55名が449セットの予測を出し、最終選考に残った36のアルゴリズムから得られた予測について提出後の6週間の期間において364のレストランの実際の検査結果に照らし合わせた。そのうちトップの成績を修めたアルゴリズムの予測に従って検査を行えば、ボストン市は検査の効率性を30〜50%引き上げることが可能であると示された。[3] また、ニューヨーク市が消防設備検査官の配置について、消防法違反が検査で発見される確率を機械学習で予測している。

刑事司法分野におけるＡＩの活用

次に紹介する例は、予測が意思決定そのものに大きな影響を与えるケースである。たとえば、刑事訴訟のさまざまな段階でＡＩの予測能力がますます活用されるようになってきている。[4] 具体的には、犯罪が起こりやすい場所であったり、過去の刑事訴訟の判決結果を利用した被告のリスク評価に対する予測である。

まず、犯罪の予測からみてみよう。これまでも警察は統計データを使って犯罪の高リスク地域と低リスク地域に色分けすることはやってきたが、さらに、ＡＩを活用することで異なるさまざまなデータセットに対してより複雑できめ細かい分析を行うことが可能となった。特に、自動車のナンバープレートの自動読み取り装置、さまざまな場所に取り付けられた監視カメラ、安価なデータ蓄積、コンピューターの情報処理能力の拡大により、警察は犯罪行動のパターンを識別することができるようになってきた。

ＡＩによる犯罪の予測には主に2つの方法がある。[5] 第一は、過去の犯罪データを使って、いつ、どこで犯罪が起こりやすいかを予測する「犯罪場所の予測」である。週の特定の曜日や時間帯の該当する場所に警察官を配置することで犯罪を未然に防ぐことができる。もう一つは、どのような個人やグループが犯罪に関わりやすいか（加害者、被害者を問わず）を過去の犯罪データから予測する「犯罪人の予測」である。こうした犯罪の予測は世界中の国や都市で試験的に実施されており、マンチェスター、ロンドン（英）、ボゴタ（コロンビア）、マドリッド（スペイン）、コペンハーゲン（デンマーク）、シンガポール、などが代表例である。

また、ＡＩは、司法の場においても活用されるようになってきている。ここでは、保釈制度を考えてみたい。保釈とは、勾留されている被告人について住居限定や保証金の納付を条件として身柄の拘束を解く制度である。もし、被告人を保釈すれば、裁判に出頭せず、さらに、犯罪を犯す可能性があるかどうかを考える。つまり、個々の被告人の状況に応じて、被告人の将来行動を予測することにより、裁判官が保釈の判断を行うことになる。さまざまな要因を考慮して総合的に意思決定するという意味で、裁判官の経験や熟練さが求められるが、あくまで被告の将来行動を予測するという「傘型の政策問題」といえるので、ＡＩの出番である。

裁判官は被告のリスク評価を行い、保釈するかしないか、保釈する場合も、保釈金の金額や保釈の条件などを決定する。このようなリスク評価においては、過去の犯罪歴（犯罪歴、有罪歴、裁判欠席歴など）や社会属性（年齢、性別、職業、住居など）といった要因が考慮されるが、人間よりもＡＩを使った予測アルゴリズムはより効率的な決定ができるように重要な情報を整理、要約することができる。

米国のデータを使った研究[6]では、機械学習を使って予測精度を上げることができれば、拘留率を上げることなく（つまり、再犯になりやすい被告人を拘留することで）、再犯率を24・7％まで低下させるとともに、再犯率を変えることなく（つまり、再犯を起こしにくい被告人を保釈することで）、拘留率を41・9％低下させることができるなど、裁判官のより適切な保釈判断に貢献することを示した。なお、ＡＩは判決結果の予測にも使われている。欧州人権裁判所の判決や米国の最高裁判決結果を８割程度の確からしさで予測する機械学習のアルゴリズムが報告されている。もちろん、司法分野におけるＡＩの活用については、他の活用と同様、最終的な判断を下すのはあくまでも人間であり（この場合は裁判官）、人権などの倫理的な側面にも十分配慮すべきであることはいうまでもない。

第3節　データ駆動型政策立案のターゲティング政策への応用

発展途上国の貧困対策に対するＡＩターゲティング

恵まれない貧しい人に政府が対策を行う際に、必ず問題になるのは対象をどのように的確にターゲット（対象）とするかということである。往々にして必要な人に支援がいかない一方、必要でない人が恩恵を受けることもある。漏れやバラマキが起こらぬよう正確なターゲティングを行うことは効率的な貧困政策を行う上で大きなカギとなる。貧困政策の対象となるべき人々を予測するという意味で「傘型の政策問題」といえる。

　貧困対策のためのターゲティングは先進国と途上国を比べると途上国の方が格段に難しい仕事になる。なぜなら、通常、ターゲティングは家計の所得・消費の調査に基づいて行われるが、こうした調査は費用が高額に上り、途上国では十分に行われていないことも多い。つまり、貧困対策が先進国よりもより重要であるにもかかわらず、そもそもターゲティングを行う基本的なデータがないような状況なのである。

　このような状況に対して、貧困状況を予測するために研究者はいくつかの異なるアプローチをとってきている。[i] その中で70年代初から使われてきたのは、常夜灯のデータである。つまり、夜間、地表からから発する光を撮影した衛星写真の利用である。裕福な地域は明らかに最も明るくなっていることがわかっており、また、最近の研究では常夜灯の光度とその地域の生産性や経済成長には強い相関関係があることが確認されている。

　しかし、常夜灯のデータでは貧困地域とさらに貧しい最貧地域（これらは夜の衛星写真ではいずれも全面的に暗くなっているわけだが）を区別することは難しい。一方、昼間の衛星写真であれば、たとえば、道路の舗装状況、家の屋根の材質などを把握することで、貧困地域でも極度の貧困とそうでない地域を区別することは可能になることは容易に想像できる。機転の利く読者は、これはAI、深層学習が得意とする画像認識による予測で解決できると思うであろう。

具体的には、5つのアフリカ諸国（ナイジェリア、タンザニア、ウガンダ、マラウイ、ウガンダ）に着目したある研究[7]では、深層学習を使い、昼間の衛星写真画像と夜間の衛星写真画像（経済活動の代理変数）の関係をみて、経済活動と相関ある衛星写真の画像の特徴の学習を行った。その上で、衛星写真のデータを使い、地域の経済パフォーマンスの変動の75％程度を説明できるような要因を抽出することに成功した。

このような画像、機械学習を通じて、その地域の経済状況の予測を行うのは途上国ばかりでなく先進国でも行われている。グーグルのストリート・データを使って米・ニューヨーク市のブロックごとの中位所得を予測した研究[8]を紹介してみよう。具体的にはニューヨーク市は12200枚（2439ブロックごと10の画像）を得て、2006年、2010年の米国コミュニティサーベイのデータでブロックの中位所得と結び付けた。ブロックの半分をランダムに分けたものを予測を行うためにAIを訓練する訓練データに使い、予測所得を得ることができ、実際の所得のばらつきの

i 以下の常夜灯以外のデータとしては、途上国でも広く使われている携帯電話の地域別の取引ログと富との相関がある。また、個人レベルの携帯電話の使用状況を使って機械学習で地域別の富の分布を予測すると家計調査と遜色ない正確さを示すことなどがわかっている。

77%までを説明でき、残りのテストデータでも77%までが説明でき、高い当てはまりがみられた。

特筆すべきは、ニューヨーク市の画像データを使って得た訓練モデルをボストン市の画像データにそのまま適用しても（つまり、ボストン市特有の要因を考慮しなくても）、予測所得は71%とかなり高く、このモデルは他の都市の所得の予測に使えることが強調された。

消費刺激策に対するAIターゲティング

機械学習を活用した政策ターゲティングは貧困対策のみならず、他の分野にも広がっている。消費刺激を目的に2014年、イタリアに導入された税金還付スキームについて機械学習を用いたターゲティングを検討した研究[9]をみてみよう。税の還付は年収が8145～26000ユーロの雇用者が対象にされた。しかし、この論文の筆者らは消費刺激という意味で正しいターゲティングが行われているのかという問題意識の下、税の還付は現在の消費水準がなんらかの理由で最適な消費水準よりも下回っているような「消費制約下の家計」を対象とすべきであると考えた。

彼らはイタリア中央銀行が行っている家計所得資産調査（2010、2012年）を使い、家計の収支の帳尻を合わせることができる能力があるかどうかという設問への回答を「消費制約下の家計」の代理変数と考え、それにどのような変数が影響を与えるかを機械学習の手法を用いて分析を行った。機械学習が選択した変数はわずかであり、金融資産が13255ユーロ（約165万円）、可処分所得が３６０４０ユーロ（約４４８万円）未満の家計が「消費制約下の家計」であることがわかった。

このように機械学習を用いてターゲットされたグループは果たして本当に「消費制約下の家計」といえるのであろうか。「消費制約下の家計」であれば、そのような家計はボーナスをもらえれば、制約の家計に比べてより多く消費すると考えられる。実際、機械学習から得られた「消費制約下の家計」とそうでない家計のグループを比較すると、ボーナスが消費性向に与える影響は「消費制約下の家計」のみ正で統計的にも有意であることがわかり、機械学習によって「消費制約下の家計」が適切にターゲティングされていることがわかった。

それでは政府が行った消費刺激のための税還付のターゲティングはどの程度適切であったといえるだろうか。彼らは、税還付の対象者の三分の一程度については消費は制約されておらず（つまり、必要でない人に税還付がされた）、税還付の非対象者の約三分の二が消費制約下にある（必要な人に税還付が行われなかった）ことを示した。この実例をみても、機械学習を活用することで政策の効率性をかなり高めることができるというのがわかる。

信用保証制度に対するAIターゲティング

同じ著者らは別の論文[10]で、イタリアの企業への公的信用保証制度（政府の資金で担保を提供する制度）について対象企業がやはり正しくターゲティングできているかを検証した。理論的には、公的信用保証制度の対象となる企業は、その制度が財政的に破綻しない程度に信用力がある一方、信用割り当てで借り入れが制限されている企業であるべきだ。しかし、実際は信用力が低い企業には制度が適用されていない場合が多く、制度適用がなくても借り入れ可能な企業が対象になっている可能性も考えられる。

彼らは個々の企業の信用供与の情報がわかるミクロ・データを使って、信用力と信用割り当て両方を満たす企業群を機械学習によりターゲット化した。その上で、公的な信用保証制度が適用されている企業を機械学習でターゲットされた企業とそれ以外に分けると、２０１１年と２０１５年の信用供与の変化は、ターゲット企業が正であったが、ターゲットされていない企業では負であった。

つまり、機械学習でターゲットされた企業、これは本来、公的な信用保証制度が適用されるべき企業はそうでない企業に比べて信用供与がより高い伸びを示す、つまり、より高い政策効果を示したのだ。この例でも機械学習によるターゲティングが政策の効率性をより高めることが確認されたといえる。

以上、イタリアを例にとり、消費刺激策や信用保証制度について、ＡＩを活用したターゲティング政策の潜在的な有効性を紹介した。日本の場合、最近では、コロナ危機の下、国民に一律に10万円の給付金が支給された。なるべく、迅速な支給を行うための苦肉の策であったかもしれないが、残念ながら適切なターゲティング政策は行われなかった。本来であれば、給付金が必要な対象を適切に絞り込むとともに、必要なところに給付金額をより積み増すべきであっただろう。所得などの情報がデジタル化され、ＡＩを活用することができれば、政策目的に応じて適切な対象者を選定することは可能となる。深刻な財政状況が続く中で、データ駆動型政策立案を通じて、効率的・効果的な歳出運営、公務員の配置などを目指していくことは、国、地方を問わず、重要な課題であることを認識すべきであろう。

第６章のまとめ

・公共政策の分野でも、ＡＩの活用が進んでおり、特定の政策目標を達成するための効果的な政策手法をＡＩが予測するというデータ駆動型政策立案（ＤＤＰＭ）が注目されている。

・データ駆動型政策立案は、因果関係よりも予測の精度が重要となるケースに適しており、それにより政府の投入すべき資源が節約できることを意図している。また、ビッグデータの入手が必要なため、地方・現業部門での活用がより期待される。

・データ駆動型政策立案の具体例・可能性としては、⑴規制の遵守状況を確認する検査（例：レストランの衛生検査、消防設備の検査）、⑵犯罪場所・犯罪人の予測（警察のパトロールの効率化・重点化）、⑶保釈の判断の際の被告のリスク評価、が挙げられる。
・また、データ駆動型政策立案は、特定の政策が及ぶ対象の範囲を適切に設定する必要があるターゲティング政策において効果が期待される。たとえば、⑴貧困施策の対象となるべき地域の選定、⑵消費刺激策の効果が大きい家計の選定、⑶信用保証する制度を利用すべき企業の選定、などにおいて、ＡＩの予測が有効なことが確認されている。
・厳しい財政状況が続く中、日本においても、効率的・効果的な歳出運営という視点からも、データ駆動型政策立案を推進していくべきである。

第7章

コロナ危機で奮闘するAI

これまでさまざまな分野におけるＡＩの活用事例をみてきた。コロナ危機の時代にあっても、ＡＩ活用の重要性はますます高まっている。人類にとって未曽有の危機と言っても過言でない中で、まさにＡＩでしかできない貢献、サポートを行ってくれている。本章では、感染症に直接関連した活用と外出禁止・自粛、社会的距離の維持などの社会統制における活用の２つに分けて、事例をみていこう。[1]

第１節　新型コロナウイルス感染症に直接関連するＡＩの活用事例

早期警戒・アラート

まず、最初の例は、ＡＩが感染症の発生を早期に予測、警戒を発するという役割である。たとえば、カナダのあるＡＩモデル[2]は、保健機関からのレポートやデジタルメディア、家畜の衛生情報、人の移動などから、自然言語処理や機械学習を用い、感染症のリスクを分析するＡＩであり、武漢での新型コロナウイルス感染症（以下、新型コロナ感染症）の兆候・発生をＷＨＯよりも早く、２０１９年12月末の時点で予測するとともに、航空旅客のデータより武漢からの人の移動が多い20都市をリストアップし、それらが世界的な感染拡大の拠点になると警告した。

■感染症の予測・追跡

また、ＡＩは新型コロナ感染症が時間的、空間的にいかに広まっていくかについて予測したり、追跡したりすることにも使われている。たとえば、季節性インフルエンザのような感染症については広がりを予測するＡＩモデルはあるが、コロナ以後は、新たなデータを使い、こうしたＡＩモデルを再訓練している状況である。ただ、利用できるデータの入手が制約されているという問題もあり、予測の正確性には課題を残している状況だ。また、ツイッターやフェイスブックなどのＳＮＳ情報を元に感染症の広がりを解析するＡＩシステムも開発されており[3]、テキスト解析（自然言語解析）だけでなく投稿された画像解析も行われている。

感染症の予測・追跡分野においてより効果を挙げているＡＩ活用は接触者追跡が挙げられる。日本でも新型コロナウイルス接触確認アプリ（ＣＯＣＯＡ）としておなじみでもある。ある人が新型コロナ感染症と診断された場合、感染拡大を抑えるため感染者に接触した人を特定化することができる。スマホなどにＡＩを活用した接触者追跡アプリが搭載され、具体的な位置情報の追跡は、ＧＰＳやBluetoothなどによって行われている。

こうした接触者追跡アプリが２０２０年3月という早い段階で導入された例としては、Bluetoothを使用したシンガポールの接触者追跡アプリが挙げられる。[4] 接触した二人の距離的近さや期間で濃厚接触を判断し、新型コロナ感染症の陽性者や感染の可能性の高い人と接触した場合、警告が送られる。また、このアプリは個人情報保護にも配慮がされており、ユーザーの地理的位置情報は収集せず、データ・ログは暗号化されて保存されている。

中国では、「健康コード」と呼ばれるＱＲコードを利用したアプリが接触者追跡に使われている。[5] 「健康コード」は緑が健康、黄色が感染者と濃厚接触あり、または、入国直後の隔離中、赤が感染者というように色分けをしている。出退勤、商業施設、駅などに入るときはこの健康コードを提示する必要がある一方、車両や施設にはＱＲコードが提示され、それを読み込めば、感染者と濃厚接触した可能性があると通知されることになる。

■感染症の診断・予後

ＡＩが得意としている画像処理の分野では、新型コロナ感染症を診断するために、胸部のレントゲンやＣＴ画像の解析でＡＩが使用されている。ＡＩは画像の診断では人間とほぼ同等の正確さで行うことができ、放射線技師の時間を節約し、通常のPCR検査よりも早く安価に診断できるというメリットがある。

たとえば、[6]中国で開発されたあるAIプログラムは武漢市内の複数の病院から2千を超える新型コロナ感染症の患者のCT画像を学習し、2分ほどでウイルス性肺炎と疑われる部分を見つけ出すとともに、分布している体積なども参考情報で表示することができる。[7]また、別の中国企業[8]はCT画像解析ソリューションのAIアルゴリズムを開発し、3067例の新型コロナ感染症を含む7038例の検査画像データを学習データにし、肺画像から感染の確率を予測、検査時間はわずか20秒、正確性は96%までに向上している。この企業はあくまで技術提供に徹し、ソフトの商品化などは別会社で行われている。[9]

一方、AIを訓練する画像データは中国の病院から得られたもので、サンプルにバイアスがある。また、患者のレントゲンやCT画像を撮影することでCTスキャンなどの機械がウイルスで汚染され、さらに感染が広がるという問題も指摘されており、欧州ではCTスキャンの使用を停止しているケースもあることには注意が必要だ。[10]

診断とともに、陽性と診断された患者がどの程度重症化する可能性があるかを予測できれば、ターゲットを絞った集中的なケアが可能になり、計画的な医療の資源配分・利用が可能になる。陽性患者の致死率をAIで予測することも可能になっており、中国からの報告例ではかなり少ないサンプルで予測精度を上げることが可能になっているようだ。年齢などの情報と体温や心拍数、検査データなどを組み合わせ、患者の症状が悪化するタイミングを予測するＡＩ手法も開発されている。[11]

感染症に対する治療薬・ワクチン

感染症を終息させるためには、治療薬、ワクチンの開発が決定的に重要であることはいうまでもない。コロナ以前においても、新薬の開発については、ＡＩの潜在的な予測能力が期待され、活用されてきた。新薬やワクチンは実際の開発から使用までにかなりの期間がかかることが通常であるが、その期間を短縮させる可能性をＡＩが持っているのだ。

中でも、ＡＩの成果が期待できるのは、「ドラッグ・リポジショニング」と呼ばれる、すでに治療薬で承認されている薬の中で新型コロナ感染症に有効な薬を見つけるためのＡＩの活用である。既存薬では、すでに、人間に対する安全性の治験が完了しているため、早期に市場へ届けることが可能となる。過去の文献や研究データは膨大で、人手で分析するには時間がかかるが、ＡＩは膨大な種類に及ぶ薬の中からしらみつぶしに有効である可能性のある薬を予測することは得意であり、そうした薬を人力だけで見つけ出すよりも大幅な時間短縮が可能になっている。

たとえば、ある英バイオベンチャー[12]は1万5000を超える既存薬や安全が確認された未発売の薬を分析している。また、新型コロナウイルスを構成するタンパク質の構造予測を進めている企業[13]もあり、今後の活用が期待される。さらに、論文や医療情報を解析し、病気に関わる重要な遺伝子や分子をパスウェイマップ（関連性を表す経路図）に表し可視化する自然言語解析ＡＩエンジンを利用し、分子や遺伝子に関する論文を解析した結果、約４５０種の既存薬の転用候補を見つけた企業[14]もある。今後はこうした遺伝子研究などから明らかになったことに基づき、新たなワクチンの開発や感染拡大阻止対策が生まれる可能性も大いにあろう。

第２節　社会統制に関わるＡＩの活用事例

これらのコロナ対策におけるＡＩの活用は医療現場での直接的な活用が中心であったが、感染を予防し、抑制するには社会的な観点からの統制が必要とされる（社会的統制）。感染を抑止するための人の動きのモニターやコントロールが必要になってくるということだ。たとえば、赤外線画像を使った熱探知カメラで、公共の場をスキャンし、感染している可能性のある人を割り出したり、ＡＩの画像認識・解析技術で人々が社会的距離（ソーシャル・ディスタンス）や外出禁止を履行しているかを検知するというものだ。

たとえば、ある中国企業は、このようなカメラで1分で２００名をスキャンして、37・３度以上の体温の人を検知することを可能にしている。[15] ただし、顔認証で体温を検知する場合、涙管に焦点を当てるのが最も信頼性が高いとされており、眼鏡をかけた人の場合、正確さが欠けるという問題がある。

日本企業が開発したＡＩ顔認識技術を活用した高速体温測定システムは、11万の温度点から通行者の体温をプラスマイナス０・３℃の精度で測定することを可能にしている。[16] 非接触、ウォークスルーで０・５～１・５メートルの距離から０・５秒以内に体温、顔を検知する仕組みとなっている。

また、カメラの画像認識で社会的距離が保たれているかどうかも確認することもできる。日本においても、公共施設、イベント会場、商業施設、オフィスビルなどで、マスク着用の有無や人々の密集度について、映像データをＡＩで解析することにより、人物間の距離を正確に測定し、あらかじめ設定しておいた距離を超えて人同士が接触すると、即座にアラート機能で知らせるなど、過度な接近を知らせることが可能だ。[17] また、既存の防犯カメラ映像をＡＩで活用し、密集や混雑などをＡＩが確認する仕組みを提供している日本企業[18]もある。

感染症をコントロールするという意味では、都市閉鎖や外出自粛がどの程度達成されているかの評価を行うことも重要である。日本においても、２０２０年4～5月の緊急事態宣言の発令下では外出自粛が要請され、繁華街や観光地での人出の変化が着目されることになった。この人出の変化の計測にもＡＩが活用されている。

これは、人流解析と呼ばれ、街を歩くたくさんの人の流れをリアルタイムで分析し、マーケティングなどさまざまな分野で活用するものである。カメラに併設する小型コンピューター上で、撮影された映像上の人物や顔を認識し、ＡＩを用いて、その人物の動線を可視化したり、人数をカウントしたり、年齢・性別の推定などを行うことができる。たとえば、ある日本企業は自社開発した位置情報データ活用プラットフォームの特徴エリア別定点観測機能を使用し、新型コロナ感染症に関する人流変化を、位置情報ビッグデータからＡＩで解析している。[19]

社会的統制という観点からは、人々の心や精神へのケアも重要だ。往々にして、未知のウイルスは人々の不安を煽り、フェイクニュースや不正確な情報が広まり、社会問題化することも起きている。こうした現象は、「インフォデミック」と呼ばれている。ソーシャル・メディアの普及がデマの拡散するスピードをかつてないほど早めており、日本ではトイレットペーパーの買い占めや医療従事者・その家族への差別といった問題が発生したことも記憶に新しい。ある米国の企業はオンライン上の偽情報を特定するＡＩプログラムを開発し、ＣＯＶＩＤ－19に特化した偽情報のレポートを発行している。i [20]

i　Blackbird.AI社。同社の２０２０年３月のレポートで、主に米国のツイッターユーザーの投稿について４９００万件以上を分析し、37・５％がフェイクニュースに影響されたコンテンツである点を指摘した。

新型コロナ感染症に対するＡＩの評価

以上のようにみてくると、新型コロナ感染症に対するＡＩの活用はどう評価できるであろうか。人類にとって難敵であることは間違いないコロナウイルスに対して、ＡＩは多面的に我々をサポートしてくれていることがわかる。新型コロナ感染症の予測や診断などについては、ＡＩを訓練するためのデータが必要であるが、まだ十分集まっていないという問題がある。これは時間の経過とともに改善できる点ではあるが、現時点では、コンピューター・ビジョンによる画像解析やロボットを使ったＡＩによる社会統制の分野への応用がより効果を発揮している状況だ。

診断や治療のためのＡＩの活用については、ＡＩデータの蓄積が前提となる。爆発的に増える感染者に対する診断や治療を行いながら、同時に、ＡＩの開発に利用できるデータを蓄積していくことが重要である。医療に関する情報は、患者のプライバシーに関わるため、データの共有が進みにくい部分があることは否めない。しかし、その対策を円滑に講じるにはＡＩ開発に使える形式でデータを一か所に集め、研究者がそれを利用できるようにすることが望ましい。全世界の研究者が一致協力し、診断支援や新薬開発、感染検知などの開発を促進していくことが求められている。たとえば、米国のアレン人工知能研究所は、「ＣＯＶＩＤ－19 Open Research Dataset（ＣＯＲＤ－19）」を開設し、ＡＩ開発に利用できる４万４０００件ほどの文献やデータの収集を主導している。

また、今後の課題としては、将来、感染症が収まったときにおける、ＡＩ活用のために入手されたデータのプライバシーの問題がある。たとえば、政府は感染症対策の名目で国民を監視するシステムを作り上げた場合、感染症が収まってもそうした監視能力は維持しようとしたり、感染症対策で入手したデータを別の目的に利用するかもしれない。その意味で、政府は、データの取り扱いについて、国民とのコミュニケーションを綿密にとりながら、理解を得るようにする必要がある。

第７章のまとめ

・新型コロナ感染症が引き起こした未曽有の危機への対応においても、ＡＩは奮闘し、人類に貢献している。
・感染症に直接関連する分野におけるＡＩ活用としては、⑴感染症の早期警戒・アラート、⑵感染症の広がり予測、接触確認アプリなどを使った感染症の追跡、⑶ＣＴ画像を活用した感染症の診断・予後、⑷「ドラッグ・リポジション」を含めた感染症の治療薬・ワクチン開発、が挙げられる。

・一方、社会統制の分野では、⑴画像認識による体温検知、⑵社会的距離の遵守確認、⑶繁華街や観光地の人出の把握、⑷オンライン上の偽情報の特定、などにおける活用が進んでいる。
・現時点では、画像解析・ロボットを利用した社会統制分野における活用でより効果を発揮している。
・一方、診断、治療のためには、ＡＩを利用できるデータのさらなる蓄積、共同利用できるデータベースを構築していく必要がある一方、感染症対策で導入された国民への監視システムの運用も今後の大きな課題となる。

終章

ＡＩと人間が豊かな未来を築き、共存するために

――ＡＩのための経済政策と求められるスキル・能力・人材育成とは

本書では、ＡＩの本質は何かから始まり、雇用への影響を悲観しすぎるべきではないこと、また、ＡＩが身近な日常生活も含めたさまざまな分野で予想を上回る速さで普及が進んでおり、人間へのサポート・貢献という意味ではすでに革命的ともいえるような変化を起こしていることを明らかにしてきた。別の言い方をすれば、ＡＩは「何ができるのか」という「ライトサイド」（光の面）に焦点を当ててきたともいえる。

一方、ＡＩを今後さらに普及させ、我々がそのメリットを十分享受するためには、ＡＩが元々背負っている重い課題や宿命、いわば、「トレード・オフ」、「ダークサイド」（暗黒面）にも目を向ける必要がある。しかし、ＡＩに限らず、新たなテクノロジーは我々の選択肢、可能性を広げるものであることには変わりない。ＡＩと人間が豊かな未来を築き、共存することは十分可能であるし、ひとえに人間のテクノロジーの利用の仕方にかかっている。そうした目的の達成のためには、ＡＩにできること、できないことを再整理しておくことは重要であろう。その上で、我々人間ができること、目指すべきことは何か、スキル・能力、人材育成の観点から検討してみたい。

第1節　AIのための経済政策——その普及と影響にどう対処すべきか

第6章では、AIをいかに公共政策に活用するかという視点から検討した。本章では、まず、AIに関する、AIのための経済政策について議論してみたい。AIのための経済政策（economic policy for AI）を、「普及」と「影響」といった2つのキーとなる次元から考察しよう[1]。

個人のプライバシーはどうなるか——「丸裸」にされるリスクとは

第一の「普及」を具体的に言えば、AIの普及に影響を与える経済政策である。この範疇に入る政策として、プライバシーと法的責任が重要である[2]。以下、それぞれについて検討したい。

まず、プライバシーの問題である。個人のありとあらゆる行動がデータ化され、活用されることは、AIの機能や有効性を高めるためには必須の条件である。機械学習が予測を行う上で必ずデータが必要になることはいうまでもない。したがって、AIをいかに使いこなすかはどれだけ有用なデータが入手できるかに決定的に依存することになる。データには個人情報が含まれることを考慮すれば、プライバシーに関する政策がAIの利用・普及に直接的な影響を与えることがわかるだろう。

一方、各個人の行動が、知らない間に「丸裸」にされ、データの扱いに誤り、個人情報が公になることがあれば個人のプライバシーが著しく侵害される可能性もある。プライバシーがあまりにも保護されない場合は、それぞれの個人はプライバシーが知らないうちに侵される可能性があるような経済取引は控えようとするであろう。

しかし、プライバシーの観点からデータ利用を制限すれば、ＡＩの機能も低下せざるを得ない。プライバシーが守られすぎると企業にとって有用なデータを入手することはそもそも困難になるであろう。つまり、プライバシーの保護（「丸裸」にされない権利）とデータの有効活用による経済的メリットのトレード・オフをどう考えるかがＡＩの有効活用において最も配慮すべき課題になっているといえよう。

また、第4章では、「パーソナライゼーション」としてのＡＩの活用を述べたが、個人データを包括的に入手できればできるほど「パーソナライゼーション」の有用性や効果は高まると考えられる。その一方で、この場合も、個人のプライバシーの問題に抵触していく可能性があることには十分留意が必要だ。データを入手する企業側とデータの提供元である個人との間における相互対話、理解促進、納得感の形成が重要となってくる。

実際、ＡＩに限らず、政府主導のプライバシー規制策は、新技術の採用やイノベーションを遅らせる、つまり、プライバシーの権利とイノベーションのスピードにはトレード・オフがあることを、既存の実証分析は明らかにしている。[3] このようにデータを提供する個人とデータを使用する企業との間では潜在的に大きな対立があり、ＡＩ産業を育成するという観点からはこのトレード・オフのバランスをどう取っていくかが大変大きな課題である。いずれにしても実際のＡＩの応用のスピードや方向性を決定付ける規制の中ではプライバシーに関するルールが最も重要であるといっても過言ではない。

法的責任ルールの考え方

法的責任のルールもＡＩの普及に大きな影響を持ちうる。もし明確な法的責任ルールがなければ、ＡＩ関連製品開発に投資をしようとはしないであろう。自動運転がよい例である。もし、事故が起こったとき、その法的責任が、センサーの製造者なのか、通信を提供しているプロバイダーなのか、ＡＩソフトの販売者であるのか、はっきりしたルールがなければ誰も投資を行わないのは明らかだ。ＡＩの所有者、管理者、製造者などが法的責任を負う可能性があるとした場合も、どういうケースの場合、誰が負うのかについては現時点ではあいまいな部分があることは確かである。ＡＩ技術の進展によっても解釈が変わってくる可能性もある。このような場合、初めからすべてのケースを網羅、判断できるルールを考えることは難しく、実例に即してケースバイケースで考える必要があろう。その意味で、判例などを積み重ね、相場観の形成が今後重要となるであろう。

ＡＩの影響に対応するための経済政策

二つ目は、ＡＩの経済社会への影響に対処するための経済政策である。ここでは、影響といっても悪影響、副作用には何があるか、また、それにはどのような対処が必要であるかを考えていきたい。これまでの章では、すでに述べたようにＡＩで何が新たに可能になるのか、どのように我々の暮らしは豊かになるかという「ライトサイド」を議論してきた。そしてＡＩを普及させるためにネックになっている制度・仕組みに焦点を当てた。ここでは、ＡＩの「ダークサイド」という面に焦点を当てて考えてみたい。

まず、第一に、ＡＩの悪影響といえば、雇用や格差への影響が懸念されている。しかし、第2章でも詳しく論じたように、雇用への不安の根源にはＡＩが限りなく人間に近いロボットになるという誤ったイメージがあることを論じた。ＡＩはロボットに比べても雇用への影響への懸念はより小さいし、ロボットについても必ずしも雇用全体を減少させるわけではないことも実証的なエビデンスをもって論じてきたところである。ＡＩというテクノロジーに対し恐怖感を煽り、たとえば、ベーシック・インカムの重要性を指摘する向きもあるが、慎重かつ冷静な受け止めが必要であろう。

また、格差への影響についても、他のテクノロジーと比べて悲観的になるべきではないであろう。過去、30～40年発達してきたテクノロジーはスキル偏向的といわれ、格差拡大へ一定の寄与があったことが明らかにされている。ＡＩもその可能性はないわけではないが、ＡＩはロボットなどと異なり、むしろ高賃金層と低賃金層の格差を縮小させるという最近の研究もある。ＡＩと他のテクノロジーの違いを十分考慮し、一面的な見方をするべきではないであろう[4]。

■データエコノミーの宿痾――集中化

ＡＩの「ダークサイド」という点では、むしろ、データエコノミー、ＡＩの発展の下でそれを徹底活用する巨大プラットフォーム企業の興隆による企業の独占・寡占といった企業の集中化、支配力の高まりの方が潜在的にも深刻かもしれない。ＡＩはより大量のデータを用いるほど予測の精度が上がるという規模の経済が働くため、企業や国家というレベルにかかわらず、ＡＩを利用する場合は規模が大きい組織が有利となり、寡占・独占、市場支配力の集中化を引き起こすことになる。

もちろん、情報のデジタル化は、情報の入手・伝達・共有の限界コストをほとんどゼロに近いところまで低下させることにより、経済取引主体間での情報の偏在を緩和し、取引主体間のマッチングを向上させる効果がある。つまり、教科書で仮定されているような、より完全で競争的な市場の実現(市場化)を可能にすると同時に、取引に必要な情報を持った個々の経済取引主体が利己的に(つまり個々の利益・効用を最大化するべく）行動することで理想的な状況（資源配分）が成立するという意味での、市場化、経済の分権化をもたらす効果がある。

一方、一部の組織に膨大な情報が集約されることで、経済の集中化がもたらされる可能性もある。なぜなら、情報の入手・処理・伝達・共有の限界コストが限りなくゼロに近づけば、特定の主体が情報を集中的に管理し、資源配分をコントロールするような集権化も可能となるためだ。ノーベル経済学賞受賞者のフリードリヒ・ハイエク氏は、社会主義的な中央集権の経済システムがうまく機能しないのは、ある特定の時間や場所でしか入手できないローカルな情報が必ず存在し、理想的な資源配分に必要な情報をすべて中央で集約化することができないからだと指摘した。[5] しかし、これまで偏在していたローカルな情報を瞬時に資源配分を行う組織のトップに伝達することも容易になれば、集権化への可能性も現実味を帯びてくる。このように、集権化、分権化のいずれかが起こるかということは、理論的にはどちらも可能であり、新たなテクノロジーがさまざまな可能性や選択肢を拡大させていると認識すべきである。

こうした状況の下、データエコノミー、ＡＩの規模の利益も合わさり、ＧＡＦＡ[i]といった一部の巨大プラットフォーム企業や中国における市場支配力の集中化の動きは歴然としてあり、情報を支配する傾向が強まっている。

特に、中国の場合は、個人のプライバシーも企業、ひいては国家に把握されているという「丸裸」の状態を前提に、データエコノミー、ＡＩの分野では世界の最先端を進んでおり、また、中央主権的な政治経済体制により、そもそも経済の集中化に対しても問題と考えていない。ＧＡＦＡに対抗できるのも中国のBATH[ii]に限られていることがなによりもの証拠である。

データエコノミー×AIが民主主義（個人の権利を尊重）、自由主義（市場、競争重視）と根本的に相いれないものか、それともそうした原理原則を守りながらも、発展していくことができるのか、大きな岐路に立っているといえる。AIがデータエコノミー、プラットフォームと一体となって引き起こす2つの「影」の行方を見守っていく必要があろう。

第2節　AIにできないこと

AIと人類が共存し、より良い関係を作るためには、これまでみてきたように、まず、AIが「何ができるのか」という「ライトサイド」、AIの課題や宿痾といった「ダークサイド」について、正確に理解する必要がある。その上で、AIと人間とが補完的な関係を作ることができれば、共存による豊かな未来を描くことが可能となろう。補完的な関係を築く上での第一歩は、AIができないことを明確に理解することだ。そのことで我々人間に求められていることが自然と明らかになる。

i　Google（グーグル）、Apple（アップル）、Facebook（フェイスブック）、Amazon（アマゾン）
ii　Baidu（バイドゥ）、Alibaba（アリババ）、Tencent（テンセント）、Huawei（ファーウェイ）

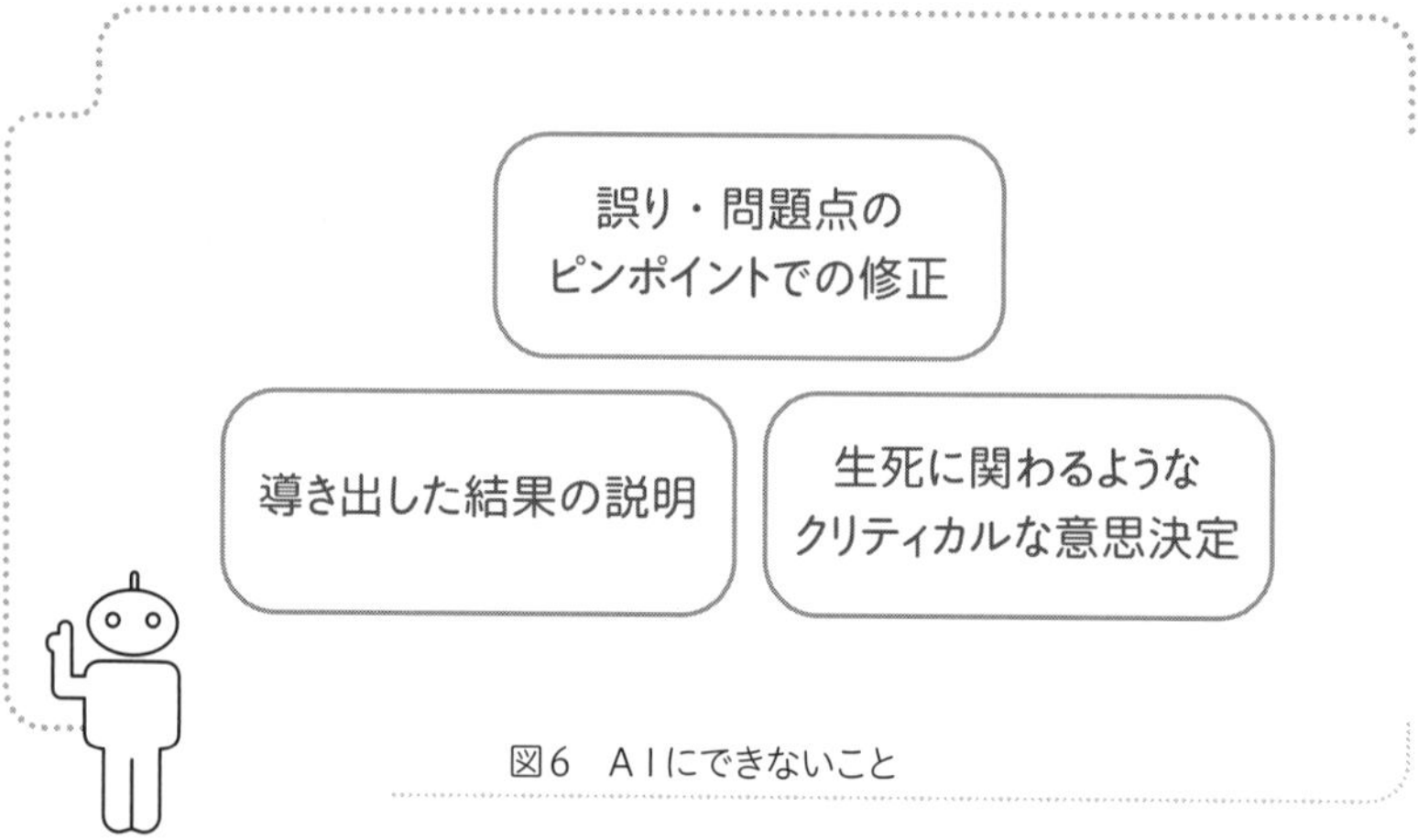

図6　AIにできないこと

以下では、AIができないことを考えてみたい（図6）。

第一は、AIは出した結論について、なぜそのような結論に到達したのかという理由は教えてくれないということだ。機械学習が出した結果を説明することは難しい。これは、これまでみてきた通り、AIの本質が予測であることを踏まえれば明らかだ。因果関係を捉えられるような機械学習の手法も研究されてはいるがまだ開発途上である。

第二は、機械学習システムは当然、間違うことがあるわけであるが、インプットとアウトプットの関係が複雑なブラックボックスの中にあるため、それを避けたり、問題点をピンポイントで修正したりすることができないことである。特に、人間の意思決定を反映したデータを学ばせればそこに人間のバイアスが入り込む余地があり、こうした隠されたバイアスが存在しうることに留意が必要だ。

第三は、AIが出した予測をそのまま我々の意思決定に採用できるとは限らないことだ。両者の間には当然、ギャップがありうる。実際、ＡＩは出した結論が１００％成立することを保証することはできない。ＡＩは絶対確実とは言ってくれないのだ。したがって、医者が直面するような判断によっては生か死かといったクリティカルな意思決定をＡＩに任せることはできない。

医療の世界ではＡＩが放射線科医の仕事を代替し始めている。[6] ＩＢＭのＡＩ「ワトソン」は機械学習により肺結節や骨折ばかりでなく、肺塞栓も発見できるようになってきている。いくつかの原因の可能性を確率的に示すという意味で予測が行われているのだ。

その予測の精度が高まれば、負担の大きい生体検査を減らすことができる一方、やはり、そうした検査をすべきかどうかという判断は放射線科医が依然として担っている。予測を最大限活用するとしても、因果関係・論理を考え、最終的に判断を下すのは人間であることに変わりはないことに留意すべきである。

以上をまとめると、ＡＩは我々が意思決定を行う際の有益な「アドバイザー」、「先生」であることは間違いなく、ＡＩの出した「結論」は予測精度も高い。しかし、ＡＩの予測に理屈があるわけではない。したがって、新たな「仮説」を提示するＡＩの機能を評価しつつも、論理や理論を考えるのは人間の役割であるし、最終的な意思決定や判断を行うのも、やはり人間の責任といえる。また、ＡＩに与えられるデータに人間が行った意思決定のバイアスが入りこんでいる可能性もあり、その場合は、ＡＩの「予測」にも人間のバイアスが反映されることになる。このように、ＡＩの限界も理解しながら活用できればＡＩは我々の豊かな未来と共存が可能であるといえよう。

第３節　ＡＩ時代に必要なスキル・能力

今後、ＡＩと共存、補完的な関係になれるようなスキルを労働者が遅れることなく、適切に身に着けていくことができればよいが、必要とされる労働者のスキルとの間にミスマッチが生じれば、労働需要の調整が遅れ、労働者間の格差が拡大し、生産性向上が抑制されるというリスクも生まれることになる。その意味からも新たな技術と補完的なスキルをいかにタイムリーかつ着実に身に着けるかが重要となり、その意味でも教育システムの役割は大きいと考えられる。また、ＡＩなどの機械の自動化ではできない仕事、そのためのスキルや能力の価値はこれまで以上に高まると予想される。それでは、ＡＩ時代に必要なスキル・能力とは具体的に何であろうか。

第一は、ＡＩが持つことができない重要な能力として、ソーシャル・スキル（社会的認知能力）が挙げられる。[7] 具体的には、他人の頭の中で起きていること（感情、信念、意図、欲求、欺瞞など）を概念化するとともに、自分自身の頭の中を理解できる、つまり、自分が考えていることを他人がどう思っているかを振り返り、把握できる能力と説明できる。これは、つまり、集団を構成する各メンバーの感情を理解するための能力である。人間は社会的な動物であることはいうまでもなく、

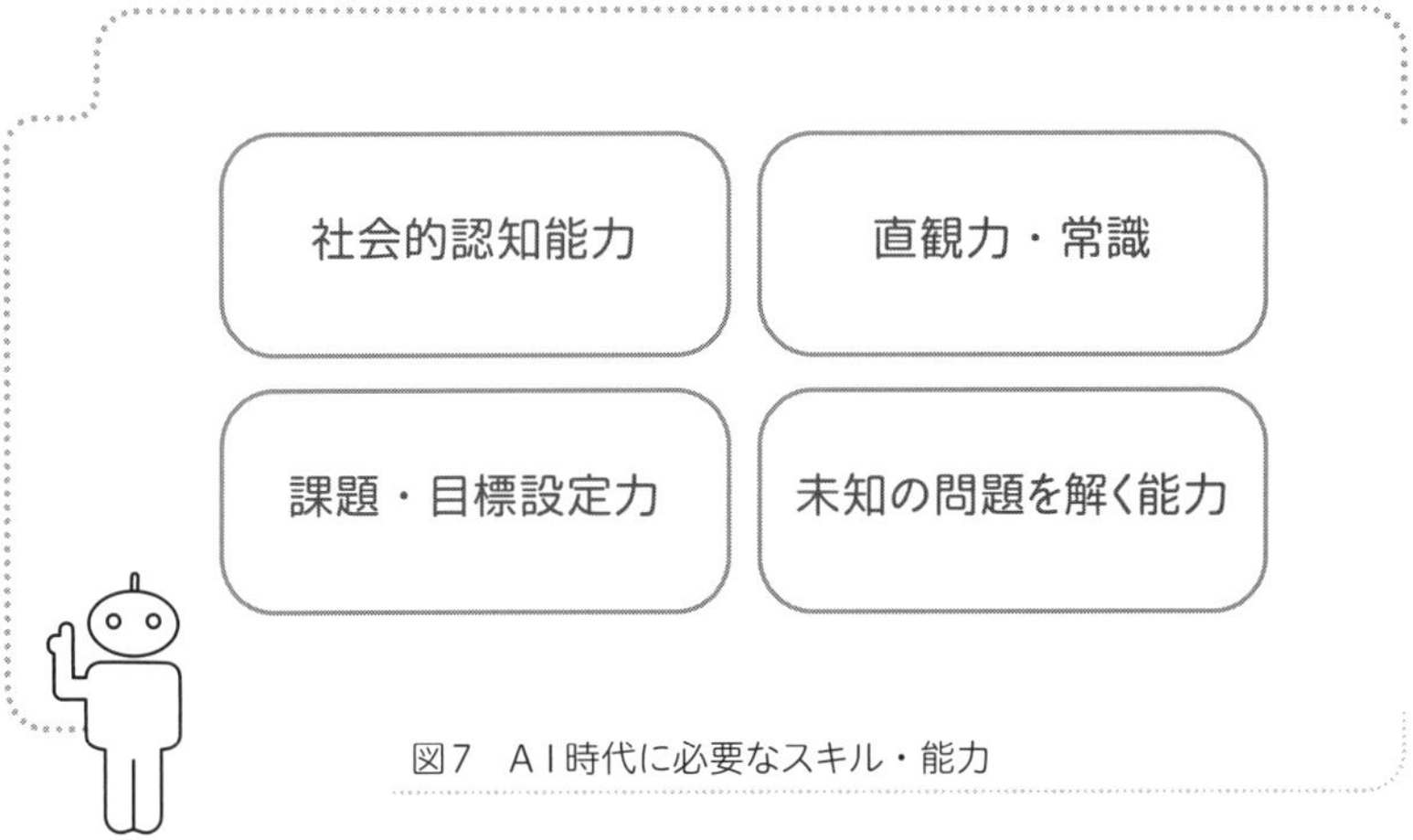

図7　ＡＩ時代に必要なスキル・能力

比較的大きな集団で生活していくためには、信頼、血縁、支配が絡む複雑な関係の網の目の中で個人が他者と協力してうまくやっていくことが生存のカギとなる。そのためには、人間同士の複雑なやりとりを理解し、他人に対する衝動をコントロールし、信頼や共感を持って人間関係、チーム形成において欠かせない概念や慣行（公正、互恵など）を重視できることは大切である。

　こうしたソーシャル・スキルをより要求される仕事は、当然、ＡＩに代替されにくいといえる。人々とインタラクティブに接しながら、彼らの反応に気づき、適切に反応しなければならない仕事である。たとえば、交渉、折衝、説得などを伴うような仕事である。

　こうした観点から教育、マネジメント、ヘルスケア、ソーシャルサービスが挙げられる。[8] 教育は一人一人目を合わせながら教えることが必要であるし、マネジメントは複数の人同士が協力して働けるように仕向けることが要求されるからだ。

さらに、ＡＩ時代において、こうしたソーシャル・スキルの重要性がより認識されることで、顔と顔をつきあわせる意思の疎通をより求める結果として、コミュニティは地域色が強くなり、職住近接が進むかもしれない[8]。つまり、濃密な社会的ネットワーク、きずなを前提にした新たなローカリズムの誕生といってよいだろう。社会の価値観を占うのは難しいものの、ＡＩ時代において、人間しか持ちえないソーシャル・スキルの相対的な重要性、価値が高まることは確かであろう。

コロナ危機の下では対面接触が制限され、ソーシャル・スキルが発揮されにくい環境にあることは確かである。しかし、対面でしか得られないもの、対面で強みを発揮するものがあることが対面の価値を高め、対面接触と非対面接触とのバランスをとっていく際の判断にもつながると考えられる。

第二は、直観力や常識と呼ばれる能力である。前者は、一瞬、一目で物事の本質を見極める能力であり、後者は何が当たり前で何が当たり前でないかを判断する能力である。しかし、いずれも非常に広範囲かつ総合的な脳の機能に依存しているため、ＡＩでそのパターンを模倣、学習することは、困難といえる。

第三は、課題や目標を設定する力である。これはＡＩにはできず、人間しか持てない力である。以下では知性を４つの力に分けて、ＡＩは何が得意で、何が得意でなく、むしろ、人間しか持てないかを論じた議論を紹介しよう[9]。具体的には、⑴「動機」（解決すべき課題を定める力）、⑵目標設計（何が正解かを定める力）、⑶思考集中（考えるべきことを捉える力）、⑷発見（正解へとつながる要素を見つける力）、である。そして、ＡＩができるのは、⑷で、⑶は不完全、⑴、⑵はＡＩにはできず、人間しか持てない力と論じられている。なぜなら、ＡＩは与えられた情報、選択肢をすべて検討、あらゆる可能性を網羅的に調べることしかできないためだ。ＡＩが検討、調べるための情報は、人間があらかじめ限定しているからこそ、ＡＩがそこから絞り込むことができるのだ。

そう考えると、ゲーム（囲碁、将棋）でＡＩが人間を凌駕していることもわかりすい。これらのゲームではＡＩが考えなければならないこと（戦略、手）は限定されているからだ。一方、今、ビジネスや社会に解決しなければならないどのような課題があるのかという問いを立てる、発する力（前述の「動機」）、その課題解決にＡＩをどのように活用すればよいか、具体的に、インプット、目標・目的となるアウトプットは何を選択すればよいかを考える力はＡＩにはなく、人間にしか備わっていない力である。課題設定、目標設定、インプット・アウトプットの設定は、どこまでも人間が行う必要があるのだ。ここが、ＡＩの活用のキモであり、その有効性を決定付ける重要な力といえる。

第四は、創造性である。つまり、これまでにない斬新で優れたアイディアや解決策を考案できる能力である。ＡＩは未知の問題を解くことはできない。パターン認識は得意だが、人間が与えたデータから得られる過去の特定のパターンしか認識できない。未知のパターンの生成、新たな状況を新たなカテゴリーに分類するといったことはできないのだ。人間は物事を抽象化したり、論理的、筋道を通して考察することができる。このため未知の問題に対しても解決していける能力が備わっている。少なくともサイエンスと呼ばれる学問は「未知」のものを「既知」にする、未解決の問題を解くことが目的であるので、それを担う研究者は、ＡＩには代替されないといえる。

これらをより理解するために、以下のような例えを考えてみよう。みなさんは、中高時代、数学が得意になるためにどのような勉強をしていただろうか。入試の難問も教科書で習う公式や定理を使って解くことができる。しかし、教科書を何回も読んで頭に入れたとしても残念ながら問題を解けるようにはならない。そこで問題集を使って、典型的な問題や他の問題を解くときの基礎になるような問題の解法を学び、似たような問題に応用できるように解法のための「道具」をいろいろと整えておく。実際の問題に応じて瞬時にその「道具」を出して、活用できるかが、特に時間制限のある入試を突破するためには重要となってくる。

数学ができる人には2つのタイプがあって、一つは、そんなに問題を解かなくても難問をやすやすと解いてしまう天才型。もう一つは、とにかく何千題といった多くの問題を解きまくって、できるだけ多くのパターンに触れる、「習うよりも慣れろ」という格言のごとく経験値を高めることで対応する秀才タイプがある。後者の場合、パターンに多く触れるのはいいが、かえって、問題を解くための「道具」も多くなりすぎて混乱してしまうという問題もなきにしもあらずだ。そのため、応用性の高く、解きがいのある良問に数を絞ってそれを繰り返し解いて、「道具」として徹底的に身に着けることも効果的な学習法であることがわかっている。

それではＡＩが受験生であったらどんな勉強をして問題ができるようになるのだろうか。ＡＩは数学の論理、公式、定理の意味は理解できず、論理に沿った推論はできない。ただ、数学の問題の解法のパターンを徹底的に詰め込む。たとえば、それが何万、何十万題になったとしても、過去50年の大学入試の数学の問題をすべて解いてパターンを身に着けるのはお手のものである。このため、毎年必ずどこかの大学で出題されるような頻出問題に対しては余裕で解答できるであろう。しかし、これまでの入試で出題されたことのないような新傾向の問題が出題されれば「ＡＩ受験生」はまったく手も足もでなくなってしまう。

程度の差はあろうが、数学者や物理学者となって大成している人は、学生時代、数学ができるといっても前者の「天才型」でやみくもにたくさん問題を解いたりしていなかったようだ。過去のパターンを知ることは重要であるがそれだけでは新たな知を生み出すことはできない。ＡＩ時代の勉強の仕方はやみくもに多くの問題を解いて「習うより慣れろ」というようなパターン詰め込み型ではなく、まったく新しい、新傾向の問題が出ても、それを理解し、順序だって、論理的に解き明かしていく能力が求められているといえる。

第4節　AI時代の人材育成のあり方

■データ・サイエンティストなどの人材問題

ＡＩ時代の人材のあり方を議論する場合に、データ・サイエンティスト不足への懸念がよく聞かれる。しかし、データ・サイエンティストを単にＡＩを開発する人、実際に動かす人という意味での狭い意味で捉えるのであれば、視点も狭いといわざるを得ない。もちろん、ＡＩに関わる実働部隊を整えなければならないことはいうまでもないが、ここまでの議論を通じて、人間が相対的に優位になる、価値が高まるような能力を高めていくという発想も重要である。

ＡＩの直接的な活用に限ってみても、序章でも論じたように、ＡＩを扱う専門家よりも、そのような課題解決にＡＩを利用するのか、その際どのような方法論（インプットとアウトプットの設定）をとるかを考える人材が非常に重要である。それは機械学習の仕組みや使い方に習熟している専門家とは別の人材がそうした専門家、つまり、狭い意味でのデータ・サイエンティストとコラボしながら考えていくことが重要だ。

このように考えると、企業を含めどのような組織であっても戦略の企画、実行に携わるようなマネージャー・クラス以上の人材は、ＡＩに何ができ、何ができないかを十分理解し、自らの組織に関わる課題解決にどのように役立てることができるか結論を出していかなくてはならない。

したがって、そういうマネージャー・クラスへの人材が基本的に身に着ける必要があるのは、プログラミングの学習よりも、実際にデータを使った計量・統計分析の経験やそのための必要最小限の基礎知識（統計学、線形代数等の基礎数学）であろう。データそのものがオールド・エコノミーにおける石油に相当する時代になっていることを考えれば、人材として文系、理系の区分に意味がなくなってきていることも認識すべきであろう。

ＡＩ時代のリカレント教育

学生ではなく、すでに、社会人、また、マネージャー・クラスになっている人々には、学び直しという観点からリカレント教育が重要になってくると考えられる。社会人の場合、社会に出てからの経験や取り組みの違いにより、個人差が大きくなるだろう。そのため、大教室で行うような画一的な授業は特に意味がないといえる。この場合、ＡＩを使って個人個人に最適なカリキュラムの設定を行うことが重要だ。また、社会人になれば、時間や場所の制約は大きくなる。タブレットを含めたＩＣＴを徹底活用し、時間や場所によらない学びができるようにする必要がある。ＡＩ時代のリカレント教育はまさにＩＣＴ、ＡＩを駆使したアダプティブ・ラーニングであるべきだ。

おわりに

ＡＩの本質を高性能な「予測マシン」と考えれば、ＡＩによって人間の仕事がほとんど失われてしまうのは誇張であるし、ＡＩが身近な日常生活にまで浸透し、我々をコーチしたり、人手がかかったり、経験を要したり、人間の手だけでは難しい仕事をサポートしてくれるようになる。一方、ＡＩが基盤とするデータエコノミーは個人のプライバシーや巨大プラットフォーム企業の市場集中という大きな課題を抱えており、我々はそれに対し真摯に向かい合う必要があることはいうまでもない。

どのようなテクノロジーも我々の使い方次第で人類は幸福にも不幸にもなる。そのことはその長い歴史が証明済みだ。ＡＩと人間が補完的な共存関係を築いていくことができれば我々の生活は必ず豊かになるであろう。それは今後さらにＡＩが発達していく中で「ＡＩにはできなくて、人間ができることは何か」を問い続けていくプロセスでもある。ＡＩと向き合い、それを活用していくことこそ、人間しか持つことのできない能力・素晴らしさに改めて気づき、それをさらに発展、飛躍させていくことにつながる。その貴重な機会をＡＩが提示してくれることを期待したい。

終章のまとめ

・ＡＩのための経済政策はその「普及」と「影響」に着目すべき。

・「普及」を進めていくための大きな論点は個人のプライバシーと法的責任。前者については保護が強すぎれば普及にはマイナスというトレード・オフにどう向き合うかが課題であり、後者はケースバイケースによる判例などの蓄積が必要になる。

・「影響」については、雇用、格差への影響は過度に悲観視すべきではないが、巨大プラットフォーム企業による市場集中、中国にみられる国家による情報支配について、市場・競争重視、民主主義の観点から注意深く見守っていく必要がある。

・ＡＩは予測はできるが、その理由を提示することは難しく、予測の問題点をピンポイントで修正できないなどの限界があり、得られた結果の理由・論理を考え、それに基づき最終的な判断を行うのは人間の役割である。

・人間しかできないという意味でＡＩ時代に求められるスキル・能力は、⑴ソーシャル・スキル、⑵直観力・常識力、⑶課題・目標設定力、⑷創造性、などを挙げることができる。

・ＡＩ時代の人材育成については、ＡＩの開発・実行を行うデータ・サイエンティストが注目されがちであるが、ＡＩの可能性と限界を正しく理解しつつ、自らの組織の課題解決に役立てることのできる人材こそ必要である。
・ＩＣＴ、ＡＩをフル活用したアダプティブ・ラーニングにより、リカレント教育を積極的に推進していくべきである。
・ＡＩ時代は、我々が人間しか持つことのできない能力・素晴らしさに改めて気づき、それをさらに発展、飛躍させていく貴重な機会であると捉えよう。

あとがき

まえがきでは、読者の皆さんのＡＩに対するイメージを変えたいということを申し上げた。整理された多くの事例、学問的な研究結果といったエビデンス（証拠）を積み上げ、「過度な悲観論を超え、ＡＩと補完・共存する豊かな明るい未来を築こう！」というのが最も主張したいメッセージであった。読者の皆さんがＡＩのすごい所、ダメな所も理解して、「得体の知れないもの」から「親しみの持てる存在」に見方が変わったとすれば筆者の望外の喜びである。

もちろん、ＡＩの専門家、ビジネスの最前線で活用されている方からすれば、「知っていることばかりで新しい発見はない」とお感じになった方も当然いらっしゃるであろう。また、ＡＩの活用のアイディアも日進月歩で事例がすでに古びてしまっているものもあるかもしれない。しかし、ＡＩの「森」を把握する鳥瞰図を一度手に入れることができれば、個々の「木」が成長しても、全体を捉えていくことは難しくないと考える。

本書のタイトルは、『ＡＩの経済学』であるが、従来、出版界では「～の経済学」と名のついた本は売れないというのが相場であった。もちろん例外もあるが、一般読者にとって、経済学は小難しくて敷居が高いということは事実であろう。まえがきでも書いた通り、本書の目的はＡＩの経済・社会への影響を総合的、俯瞰的に検討するというものである。その際、全体を通じ一貫した視点（＝「一本串」）がどうしても必要となる。その「一本串」が筆者の専門とする経済学であるというのが本書のタイトルに経済学という言葉が入っている理由である。

しかし、筆者も経済学者の端くれである。本のタイトルに経済学という言葉が入ればどうしても同業者の視線が気になってしまい、できるだけわかりやすい記述を心掛けたとしても、経済学の「香り」がぷんぷんするような味付けをしてしまいがちである。そこに厳しくメスを入れていただいたのは、本書の編集を担当していただいた日本評論社の佐藤大器氏と道中真紀氏である。「経済学の専門用語をなるべく使わない」、「一般読者の理解が難しい抽象的すぎる議論は見直す」というアドバイスをいただき、できるだけ対応してみた。タイトルに経済学と入っているのに敷居が低い、読みやすいと読者に感じていただけたとすればそれはひとえにお二人のご努力によるところが大きい。また、筆者の遅筆に辛抱強くお付き合いいただき、細かい部分にも配慮が行き届いた大変丁寧な本作りをしていただいたことも合わせて心からお礼を申し上げたい。

最後に、本書の一部は、筆者がリーダーを務める経済産業研究所のプロジェクト（「労働市場制度改革」、「ＡＩ時代の雇用・教育改革」）の成果・サポートを受けた。また、筆者がメンバーとなっている日本学術振興会の特別推進研究「長寿社会における世代間移転と経済格差：パネルデータによる政策評価分析」からもサポートを受けた。記して感謝したい。

２０２１年３月　三田にて

鶴　光太郎

を示した．また，産業ロボット，ソフトウェアとも影響の受けやすい職種ほど雇用や賃金が低下することを見出すとともに，AI については，賃金格差の影響をみたが，高賃金層内では格差が拡大するものの，高賃金層と低賃金層の格差はむしろ縮小することを示した．

5. Hayek, F. (1945) "The Use of Knowledge in Society", *American Economic Review*, 35(4), pp.519-530.
6. Agrawal, A., J. Gans, and A. Goldfarb (2018) *Prediction Machines: The Simple Economics of Artificial Intelligence*, Ore Core Music Publishing (邦訳『予測マシンの世紀――AI が稼働する新たな経済』早川書房，2019 年)．
7. ソーシャル・スキルの議論は Baldwin, R. (2019) *The Globotics Upheaval: Globalization, Robotics, and the Future of Work*, Oxford University Press (邦訳『GLOBOTICS (グロボティクス) グローバル化 + ロボット化がもたらす大激変』日本経済新聞出版) に基づいている．
8. Baldwin (2019)．
9. 藤本浩司・柴原一友 (2019)『AI にできること，できないこと――ビジネス社会を生きていくための 4 つの力』日本評論社．

2020/06/05).

12. Exscientia 社. 佐藤隆之「新型コロナに挑む人工知能（AI）の戦い，診断支援から創薬，フェイクニュース監視まで」（ビジネス +IT，2020/04/17).
13. グーグル傘下の DeepMind 社が以前から開発を進めていた AlphaFold と呼ばれる AI プログラムを用いて取り組んでいる.
14. FRONTEO 社.「Ai は新型コロナウイルスの感染拡大防止に貢献することができるのか」（Ai チョイス，2020/05/25).
15. Baidu 社 . Naudé W. (2020a) "Artificial Intelligence against COVID-19: An Early Review", IZA Discussion Paper, No.13110.
    Baidu 社 . Naudé, W. (2020b) "Artificial Intelligence vs COVID-19: Limitations, Constraints and Pitfalls", *AI & SOCIETY*, 35, pp.761–765.
16. 日本コンピュータビジョン㈱.「新型コロナ感染症の拡大防止 AI の技術活用広がる」（化学工業日報，2020/05/20).
17. ㈱ Ridge-i. 池谷翼「群衆の密集度を AI が測定，新型コロナ対策につながる映像解析ソリューション」（MONOist，2020/05/11).
18. ㈱オプティム.「既存の防犯カメラ映像を AI で新型コロナ対策にも有効活用 密集・混雑・手洗い等を AI が確認 with コロナ対応「OPTiM AI Camera」」（ロボスタ，2020/0610).
19. ㈱クロスロケーションズ. また，㈱ Intelligence Design では，通行量調査を機械的に実施する IDEAcounter を活用した調査を行っている.「【事例を元に解説！】AI は新型コロナ感染拡大とどう向き合うか」(AINOW，2020/05/14).
20. 佐藤隆之「新型コロナに挑む人工知能（AI）の戦い，診断支援から創薬，フェイクニュース監視まで」（ビジネス +IT，2020/04/17).

終章

1. 本節では Agrawal *et al.* (2019) のフレーム・ワークに沿って議論を行う.
2. Agrawal, A., J. Gans, and A. Goldfarb (2019) "Economic Policy for Artificial Intelligence", I*nnovation Policy and the Economy*, 19, pp.139–159.
3. Goldfarb, A. and C. Tucker (2012) "Privacy and Innovation", *Innovation Policy and the Economy*, 12, pp.65-89.
4. Webb, M. (2020) "The Impact of Artificial Intelligence on the Labor Market", mimeo は，米国のデータを使い，産業ロボット，ソフトウェア，AI の3つのテクノロジーを区別し，それぞれに個々の仕事がどの程度影響を受けるかに関する新たな指標を作成した．その上で，産業ロボットは低学歴・低賃金の肉体労働者層，ソフトウェアは定型的な情報処理を行う中賃金層に影響を与える一方，AI の影響は高スキル層と生産現場での検査などを行う低スキル層に集中するなどテクノロジーの種類で影響を受ける労働者層がかなり異なること

Economics, 133(1), pp.237–293.
7. Jean, N., M. Burke, M. Xie, W. Davis, D. Lobell, and S. Ermon (2016) “Combining Satellite Imagery and Machine Learning to Predict Poverty”, *Science*, 353(6301), pp.790-794.
8. Glaeser, E., S. Kominers, M. Luca, and N. Naik (2018) “Big Data and Big Cities: The Promises And Limitations Of Improved Measures Of Urban Life”, *Economic Inquiry*, 56(1), pp.114–137.
9. Andini, M., E. Ciani,, G. de Blasio, A. D’Ignazio, and V. Salvestrini (2018) “Targeting with Machine learning: An Application to a Tax Rebate Program in Italy”, *Journal of Economic Behavior and Organization*, 156, pp.86-102.
10. Andini, M, M. Boldrini, E. Ciani, G. de Blasio, A D’Ignazio, and A Paladini (2019) “Machine Learning in the Service of Policy Targeting: The Case of Public Credit Guarantees”, *Bank of Italy Working Paper*, No.1206.

第 7 章

1. 本章では，サーベイとして Naudé W. (2020a) “Artificial Intelligence against COVID-19: An Early Review”, *IZA Discussion Paper Series*, No.13110 ならびに Naudé, W. (2020b) “Artificial Intelligence vs COVID-19: Limitations, Constraints and Pitfalls”, *AI & SOCIETY*, 35, pp.761–765 を参考にした.
2. BlueDot.
3. ㈱ Spectee.「新型コロナと戦う AI 技術――感染症患者検知や行動分析など 23 事例を紹介」(Ledge.ai, 2020/04/14).
4. TraceTogether.
5. マックス・テグマーク「「AI を使った感染対策」アジアと欧米の差の背景」(東洋経済オンライン，2020/07/26).
6. 以下，外薗祐理子「新型コロナ対策で続々承認へ，AI を使った肺画像解析システムの実力とは」(日経クロステック，2020/06/05) 参照.
7. InferVision 社.
8. アリババ集団.
9. その他，CT の画像解析 2 ～ 3 秒で行える Yitu tech 社，レントゲンではカナダの DarwinAI，インドの Qure.ai などの企業が AI を使った画像解析を提供している.
10. Naudé W. (2020a) “Artificial Intelligence against COVID-19: An Early Review”, *IZA Discussion Paper Series*, No.13110.
Naudé, W. (2020b) “Artificial Intelligence vs COVID-19: Limitations, Constraints and Pitfalls”, *AI & SOCIETY*, 35, pp.761–765.
11. Epic 社.「コロナ「第 2 波」AI で備え，長期化にらみ研究進む」(日本経済新聞，

ビジネス，2018/05/16）.
9. ㈱日本ハムグループ，NTT データグループ.「AI・IoT で飼育員と豚の双方の幸せを 追求する「スマート養豚プロジェクト」」（スマート農業，2019/10/28）.
10. 三菱ケミカルホールディング，Hmcomm，宮崎大学の共同研究.
11. ㈱デミサス「U-motion（ユーモーション）」.「人工知能によるデータ分析で牛の行動をモニタリング U-motion Ⓡ（ユーモーション）」（スマート農業，2019/08/26）.
12. ㈱大豊産業.「高性能 AI システム大規模採卵養鶏場の死亡鶏自動検出」（スマート農業，2019/10/01）.
13. 竹中工務店，㈱ HEROZ. 木村駿・石戸拓朗「あの超高層を手掛けた構造設計のエースが開発中，竹中工務店の「使える AI」」（日経クロステック，2019/10/09）.
14. 油圧ショベル以外の例については，㈱清水建設がトンネル掘削を行うシールドマシンのオペレーション（熟練オペレーターのノウハウ，テクニックが重要）を行う AI ソフトの開発を行っている.
15. ㈱コマツ油圧ショベル「PC200i」.
16. コマツレンタル PC200i 3 Days Challenge ＜法面整形完全攻略＞.
17. ㈱ ARAV は油圧ショベルなどの建機メーカー，機種を問わず，後付けでインターネット経由で遠隔操作可能な「建機 Web コントローラー」を開発.
18. 竹中工務店. AI は，Microsoft Azure Machine Learning サービスを利用.「AI を使 って早く帰ろう――竹中工務店が建設現場へのディープラーニング導入で目指すもの」(ITmedia News，2018/07/23）.

第6章

1. 操作変数法，DD分析，マッチング分析については，紙面の関係上，詳しい説明は省くが，興味ある読者は，たとえば，山本勲 (2015)『実証分析のための計量経済学―― 正しい手法と結果の読み方』中央経済社を参照.
2. Kleinberg, J., J. Ludwig, S. Mullainathan, and Z. Obermeyer (2015) "Prediction Policy Problems", *American Economic Review*, 105(5), pp.491–495.
3. Glaeser, E., A. Hillis, S. Kominers, and M. Luca (2016) "Crowdsourcing City Government: Using Tournaments to Improve Inspection Accuracy", *American Economic Review*, 106(5), pp. 114–18.
4. 以下の記述は OECD (2019) *Artificial Intelligence in Society*, OECD Publishing に基づく.
5. OECD (2019).
6. Kleinberg, J. H. Lakkaraju, J. Leskovec, J. Ludwig, and S. Mullainathan (2017) "Human Decisions and Machine Predictions", *Quarterly Journal of*

価格変動の先駆者」(日経クロストレンド，2019/01/11).

4. 名古屋グランパス．稲垣宗彦・平野亜矢「入場料が最大2倍に スタジアム全席に変動価格を導入」，「名古屋グランパス，変動価格チケットでスタジアムの空気を作る」(日経クロストレンド，2020/02/10).
5. アパホテル．
6. Kahneman D., and J. Knetsch, and R. Thaler (1986) "Fairness as a Constraint on Profit Seeking: Entitlements in the Market", *American Economic Review*, 76(4), pp.728-741.
   Dickson, P., and R. Kalapurakal (1994) "The Use and Perceived Fairness of Price-setting Rules in the Bulk Electricity Market", *Journal of Economic Psychology*, 15, pp.427-448.
7. Campbell, M. (1999) "Perceptions of Price Unfairness: Antecedents and Consequences", *Journal of Marketing Research*, 36(2), pp.187-199.
8. 東急イン．
9. 小林直樹「ダイナミックプライシング「困る」54%, 女性が高値づかみを懸念」(日経クロストレンド，2020/02/17).

第5章

1. ㈱スカイマティクスが提供する葉色解析AIサービスである「いろは」．金田捺「「勘頼みは終わり」キャベツ農家の出荷量をドローンとAIで予測，その舞台裏」(Ledge.ai，2018/12/13).
2. ㈱オプティム．金田捺「AIが「農薬離れ」を加速する．農業のスペシャリストが新時代への戦略を語る」(Ledge.ai，2019/04/23).
3. ㈱クボタの提供している「アグリロボ」シリーズ．すでに，「アグリロボトラクタ」(耕うん，代かき)，「アグリロボコンバイン」(稲，麦の収穫作業向け)，「アグリロボ田植え機」が発売されている．さらに，2020年にはAIで完全無人の自動運転を実現できるトラクターである，「X tractor」というコンセプトモデルも発表．
4. 静岡大学の峰野博史氏らのグループの取り組み．「AIの判断に基づく灌水制御によって高糖度トマトを高い可販果率で生産成功」(静岡大学プレスリリース，2020/02/05).
5. ㈱ボッシュが提供している「プランテクト」．
6. ㈱日本農薬，㈱NTTデータの共同開発した「レイミーのAI病害虫雑草診断（水稲版）」．
7. ㈱パナソニック．「トマト収穫ソリューション～AIで農業の人出不足解消へ～トマトを自動で収穫するロボットが活躍」(Panasonic Newsroom Japan, 2018/05/23).
8. 小池誠氏．佐伯真也「開発費2万円，AIでキュウリを仕分ける農家」(日経期 14.8% から 15.6% へ 0.8% ほど増加したことを明らかにしている.

24. Brynjolfsson, E., T. Mitchell, and D. Rock (2018) "What Can Machines Learn, and What Does It Mean for Occupations and the Economy?", *AEA Papers and Proceedings*, 108, pp.43–47.

第 3 章

1. ㈱ COMPASS「Qubena（キュビナ）」.
2. ㈱ AKA「Musio」.
3. ㈱すららネット「すらら」.
4. 「無学年式 AI× アダプティブラーニング「すらら」学習者数が 10 万人を突破」(株漆器会社すららネット プレスリリース).
5. ㈱ atama plus「atama +」, 対象は中高の数学, 英文法・語法, 理科（物理, 化学）.
6. ㈱ NTT ドコモ「GOLFAI（ゴルファイ）」.
7. Arccos 社「Arccos Caddie」.
8. アクロディア, KDDI「アスリーテックラボ」,「スポーツ行動認識 AI」.
9. ノーニューフォークスタジオ, アシックス「EVORIDE ORPHE」, 梅田 正人「IoT と AI 技術で「シューズがコーチになる」アシックスと nnf の共同開発「EVORIDE ORPHE」発売 2 日で 1000 万円調達」（ロボスタ, 2020/07/27）.
10. 日本体操協会と富士通の共同開発. 内田泰「体操「自動採点 富士通, 世界標準作りへの挑戦」（日経 XTECH, 2017/07/21）.
11. 羽生善治「棋士になって 30 年, まさかこんなことになるとは…」（現代ビジネス講談社, 2017/08/30）.
12. 「AI が明かす藤井七段の強さ 懸念材料は「同世代」の不在—将棋」（時事ドットコム, 2020/07/16）.
13. ㈱損保ジャパン日本興亜.
14. アドバイザー自動知識支援システム. NTT グループの音声マイニングシステム「ForeSight Voice Mining」, AI エンジン「corevo」を活用. 保険業界でコールセンターにおいて AI の活用を行っている企業としては, ほかに第一生命㈱, ㈱三井住友火災海上保険などがある.
15. ㈱ビジネスコーチ「AI コーチマイコ」.

第 4 章

1. 北九州スマートシティ創造事業など.
2. 昆清徳「価格がコロコロ変わる！ビックカメラが「電子棚札」を導入したら何が見えてきたのか」（ITmedia, 2019/10/08）.
3. 楽天イーグルス. 小林直樹「最下位でも観客動員史上 2 位 楽天イーグルスは

18. Fossen, F. M. and A. Sorgner (2019) "New Digital Technologies and Heterogeneous Employment and Wage Dynamics in the United States: Evidence from Individual-Level Data", *IZA Discussion Paper Series*, No.12242.
19. Felten, E. W., M. Raj, and R. Seamans (2018) "A Method to Link Advances in Artificial Intelli-gence to Occupational Abilities", *AEA Papers and Proceedings*, 108, pp. 54–57.
20. 直近の AI に特化した研究においてもこの結論は維持されている．たとえば，Felten E., M. Raj, and R. Seamans (2019) "The Occupational Impact of Artificial Intelligence: Labor, Skills, and Polarization", mimeo は，平均してみれば，AI に影響を受ける職種ほどわずかながら賃金はより高くなるが，雇用は変化しないことを示した．AI の影響と賃金の正の関係は特に，ソフトウェアに関する高いスキルが求められる職種における関係に強く影響を受けており，高所得の職種層においては，AI の影響度合いと賃金や雇用との正の関係は強いことを見出している．また，Babina,T., A. Fedykz, A. He, and J. Hodson (2020) "Artificial Intelligence, Firm Growth, and Industry Concentration", mimeo は，米国の企業レベルのデータを使い，AI により投資している企業ほど売り上げ，雇用の伸びは高いことを示した．この正の効果はもともと規模の大きい企業に集中しているため，必然的に産業レベルで集中度を高めるものの，利幅や生産性が高まるのではなく，新たな製品や地域に市場を拡大させていることを示した．さらに，Acemoglu,D., D. Autor, J. Hazell, and P. Restrepo (2021)"AI and Jobs: Evidence from Online Vacancies", NBER Working Paper, No. 28257 は，米国の事業所ベースのデータを使い，AI に影響を受けやすい仕事をより多く抱える事業所ほど採用を減らしているが，職種レベル，産業レベルでみれば，AI に影響を受けやすい仕事が多い職業や産業において雇用や賃金が影響を受けているわけではないことを見出している．
21. Acemoglu, D. and P. Restrepo (2019), "Artificial Intelligence, Automation, and Work", Chapter 8 in *The Economics of Artificial Intelligence: An Agenda*, edited by Ajay Agrawal, Joshua Gans, and Avi Goldfarb, The University of Chicago Press.
22. Bessen, J. (2015) "Toil and Technology", *Finance and Development*, 52(1), pp.16-19.
23. Holzer, H. (2015) "Job Market Polarization and U.S. Worker Skills: A Tale of Two Middles", *Economic Studies*, Brookings は建設，生産，事務といった伝統的な中賃金雇用の雇用全体に占める割合は 2000 ～ 2013 年に 24.3% から 21.0% と 3.3% 低下した一方，医療技術者，取り付け・保守・修理技術者，経営（ローエンド），サ ービス（ハイエンド）を含む新たな中賃金雇用は同時は当該地域の雇用人口比率を 0.16 ～ 0.2% 引き下げるという結果を得ている．

9. Dauth, W., S. Findeisen, J. Südekum, and N. Wößner (2017) "German Robots: The Impact of Industrial Robots on Workers", *IAB-Discussion Paper*, No.30.
10. Mann, K. and L. Puttmann (2018) "Benign Effects of Automation: New Evidence from Patent Texts", mimeo.
11. Adachi, D., D. Kawaguchi, and Y. Saito (2020) "Robots and Employment: Evidence from Japan, 1978-2017", *RIETI Discussion Paper Series* 20-E-051. 通勤帯に着目した分析を行い，労働者 1000 人当たりロボット 1 台の増加は雇用を 2.2%増加させることを示した．その理由として，ロボット導入に伴う労働代替が雇用を減らした可能性もあるが，生産コスト減による生産規模の維持・拡大の効果が大きく，最終的には雇用を増やしたと指摘している．
12. Bessen. J., M. Goos, A. Salomons, and W. van den Berge (2020) "Firm-Level Automation: Evidence from the Netherlands", *AEA Papers and Proceedings*, 110, pp.389-393.
13. Dixon, J., B. Hong, and L. Wu (2019) "The Employment Consequences of Robots: Firm-Level Evidence", mimeo.
14. Koch, M., I. Manuylov, and M. Smolka (2019) "Robots and Firms", CESifo Working Paper No.7608. ロボット利用は 4 年以内で 5 ～ 7% の労働コスト比率の引き下げ，10% の雇用の純増をもたらすことを示した．
15. Acemoglu, D.,C. Lelarge, and P. Restrepo (2020) "Competing with Robots: Firm-Level Evidence from France", *AEA Papers and Proceedings*, 110, pp.383-88.
16. 直近の研究をみてもこの結論は変わらないといえる．たとえば，Humlum, A. (2019) "Robot Adoption and Labor Market Dynamics", mimeo は，デンマークの企業レベル，労働者レベルの接合データを使い，産業用ロボットの使用により，製造業部門の生産労働者の実質賃金は 6%低下するものの，ハイテクに対応できる高スキル労働者を雇入れるため，平均して実質賃金は 0.8% 高まることを示した．また，Aghion, P., C. Antonin, S. Bunel, and X. Jaravel (2020) "What Are the Labor and Product Market Effects of Automation? New Evidence from France", mimeo は，仏の製造業のデータを使用し，工場，企業，産業いずれのレベルにおいても，自動化の雇用への影響は正であり，特に，低スキルの生産労働者に限っても正であることを示した．また，自動化は収益を高め，製品価格を低下させ，売り上げを増加させることも見出した．
17. Brynjolfsson, E., T. Mitchell, and D. Rock (2018) "What Can Machines Learn, and What Does It Mean for Occupations and the Economy?", *AEA Papers and Proceedings*, 108, pp.43–47.

7. たとえば，デジタル・エコノミーに関する研究を総括した，Peitz, M. and J. Waldfogel eds. (2012) *The Oxford Handbook of the Digital Economy*, Oxford University Press を参照.

第 1 章

1. Agrawal, A., J. Gans and A. Goldfarb (2018) *Prediction Machines: The Simple Economics of Artificial Intelligence*, Ore Core Music Publishing (邦訳『予測マシンの世紀――AI が稼働する新たな経済』早川書房，2019 年).

第 2 章

1. Autor, D., F. Levy, and R. Murnane (2003) "The Skill Content of Recent Technological Change: An Empirical Exploration", *Quarterly Journal of Economics*, 118(4), pp. 1279-1333.
   Autor, D. and B. Price (2013) "The Changing Task Composition of the US Labor Market: An Update of Autor, Levy, and Murnane (2003)", mimeo.
   Goos, M., A. Manning, and A. Salomons (2014) "Explaining Job Polarization: Routine-Biased Technological Change and Offshoring", *American Economic Review*, 104(8), pp.2509–2526.
2. Acemoglu, D. and P. Restrepo (2019) "Artificial Intelligence, Automation, and Work", Chapter 8 in *The Economics of Artificial Intelligence: An Agenda*, edited by Ajay Agrawal, Joshua Gans, and Avi Goldfarb, The University of Chicago Press. 自動化を扱った動学的一般均衡モデルとしては，現時点では最もオーソドックスかつ現実的なモデルと評価できる.
3. 以下の記述は，Acemoglu and Restrepo(2019) に基づく.
4. Acemoglu and Restrepo (2019).
5. Frey, C. B. and M. A. Osborne (2017) "The Future of Employment: How Susceptible are Jobs to Computerization?", *Technological Forecasting and Social Change*,114, pp.254-280.
6. Arntz, M., T. Gregory, and U. Zierahn (2017) "Revisiting the Risk of Automation", *Economics Letters*, 159, pp.157-160.
7. Acemoglu, D.,C. Lelarge, P. Restrepo (2020) "Competing with Robots: Firm-Level Evidence from France", *AEA Papers and Proceedings*, 110, pp.383-88. 地域別にみて 1000 人当たりロボット 1 台の増加は，雇用人口比率を 0.2%，賃金を 0.42% 引き下げるとの結果を得ている .
8. Chiacchio, F., G. Petropoulos and D. Pichler (2018) "The Impact of Industrial Robots on EU Employment and Wages: A Local Labour Market Approach", *Bruegel Working Paper*, No.2. 1000 人当たりロボット 1 台の増加

注

序章

1. 井上智洋 (2016)『人工知能と経済の未来――2030年雇用大崩壊』文春新書.
2. 鶴光太郎 (2015)「技術革新は職を奪うか」日本経済新聞, 経済教室エコノミクストレンド, 2020年9月15日.
   鶴光太郎 (2016)『人材覚醒経済』日本経済新聞出版社.
   鶴光太郎 (2018)「経済学でみるAIの実力――「予測」活用のリスク認識を」日本経済新聞, 経済教室エコノミクストレンド, 2018年5月8日.
   鶴光太郎 (2019)「日本の雇用システムの再構築」, 鶴光太郎編『雇用システムの再構築に向けて――日本の働き方をいかに変えるか』日本評論社, 第1章 (DPバージョン：*RIETI Policy Discussion Paper Series* 19-P-008).
   鶴光太郎 (2020a)「AI, 人間の敵ではない」日本経済新聞, 経済教室エコノミクストレンド, 2020年1月20日.
   鶴光太郎 (2020b)「新たなテクノロジーは働き方をいかに変えるか――AI時代に向けた展望」矢野誠編『第4次産業革命と日本経済――経済社会の変化と持続的成長』東京大学出版会, 第7章 (DPバージョン：*RIETI Policy Discussion Paper Series* 19-P-023).
3. 日経クロストレンド (2018)『ディープラーニング活用の教科書――先進35社の挑戦から読むAIの未来』日経BP社.
4. 福岡の田川市で8店舗を展開するエルアンドエーの副社長, 田原大輔氏.
5. 彼らの議論を知るためには, たとえば以下の文献を参照されたい.
   Agrawal, A., J. Gans and A. Goldfarb (2018) *Prediction Machines: The Simple Economics of Artificial Intelligence*, Ore Core Music Publishing (邦訳『予測マシンの世紀――AIが稼働する新たな経済』早川書房, 2019年).
   Brynjolfsson, E. and A. McAfee (2014) *The Second Machine Age: Work, Progress, and Prosperity in a Time of Brilliant Technologies*, W.W. Norton & Company (邦訳『ザ・セカンド・マシン・エイジ』日経BP社, 2015年).
   Autor, David H.(2015) "Why Are There Still So Many Jobs? The History and Future of Workplace Automation", *Journal of Economic Perspectives*, Summer 2015, 29(3), pp.3–30.
6. Shapiro, C. and H. Varian (1998) I*nformation Rules: A Strategic Guide to the Network Economy*, Harvard University Press (邦訳『情報経済の鉄則 ネットワーク型経済を生き抜くための戦略ガイド』日経BPクラシックス) は数少ない例外.

た

は

ま

や

ら

わ

索引

数字・アルファベット

あ

か

さ

著者　鶴 光太郎（つる・こうたろう）
慶應義塾大学大学院商学研究科教授．1960年生まれ．1984年東京大学理学部数学科卒業．オックスフォード大学D. Phil.（経済学博士）．経済企画庁調査局内国調査第一課課長補佐，OECD経済局エコノミスト，日本銀行金融研究所研究員，経済産業研究所（RIETI）上席研究員を経て，2012年より現職．経済産業研究所（RIETI）プログラムディレクター／ファカルティフェローを兼務．専門領域は比較制度分析，組織と制度の経済学，雇用システム．内閣府規制改革会議委員（雇用ワーキンググループ座長）（2013〜16年）などを歴任．
著書は，『人材覚醒経済』（日本経済新聞出版社，2016年，第60回日経・経済図書文化賞，第40回労働関係図書優秀賞，平成29年度慶應義塾大学義塾賞受賞），『雇用システムの再構築に向けて――日本の働き方をいかに変えるか』（編著，日本評論社，2019年）ほか多数．

AIの経済学《けいざいがく》

「予測機能《よそくきのう》」をどう使《つか》いこなすか

発行日　2021年4月25日　第1版第1刷発行

著　者　鶴 光太郎
発行所　株式会社 日本評論社
〒170-8474　東京都豊島区南大塚3-12-4
電話　03-3987-8621（販売）　03-3987-8599（編集）
印　刷　精文堂印刷株式会社
製　本　井上製本所
装　幀　妹尾浩也

ISBN978- 4- 535-55942-4